Angeln an den Ufern der Erinnerung

Für Barbara
und die Töchter Silke und Mirjam

Reiner Strunk

Angeln an den Ufern der Erinnerung

Geschichten aus meinem Leben

Edition
Evangelisches
Gemeindeblatt

FSC
www.fsc.org
MIX
Papier aus verantwortungsvollen Quellen
FSC® C011786

Klimaneutral
Druckprodukt
ClimatePartner.com/11873-2109-1001

Die Deutsche Bibliothek verzeichnet diese Publikation in der Deutschen Nationalbibliografie; detaillierte bibliografische Daten sind im Internet über http://dnb.ddb.de abrufbar.

Augustenstraße 124, 70197 Stuttgart,
Telefon 07 11/60 10 00, Fax 07 11/6 01 00 76

info@evanggemeindeblatt.de, www.verlag-eva.de

Umschlaggestaltung und Illustration: Uli Gleis Tübingen
Lektorat: Andrea Scholz-Rieker, Herrenberg
Gestaltung und Satz: Cornelia Fritsch, Leinfelden-Echterdingen
Druck: Sautter GmbH, Reutlingen
ISBN 978-3-948882-26-6

Inhalt

Vorwort

Wie ein Alter bin ich, der sich am Ufer eines versteckten Sees niedergelassen hat, die Angel in der Hand. Ich schaue übers Wasser, das wie ein großer Spiegel vor mir liegt. Ich habe Zeit. Nicht mehr viel Zeit im Leben, aber viel Zeit am einzelnen Tage. Die Dinge, die zu erledigen sind, bleiben überschaubar und haben wenig Gewicht. Sie sind nebensächlich geworden.

Der See zu meinen Füßen ist still und doch voller Leben und reich an Geheimnissen. Er hat es in sich. Doch was er in sich hat, gibt er nicht ohne weiteres preis. Seine Schätze, die er im Lauf von Jahren und Jahrzehnten angesammelt und unter der Oberfläche verborgen hat, hütet er gewissenhaft, er verschleudert sie nicht. Er wartet, bis einer sich Zeit nimmt, sie zu heben.

Die Achtzig markiert ein Lebensalter, das nach der Weisheit des Psalmisten ein Mensch nur erreicht, „wenn's hoch kommt", also ausnahmsweise. Das ist nicht mehr die Zeit für große Pläne, sondern für Erinnerungen, ob diese nun groß genannt zu werden verdienen oder nicht. Wenn die Angel ausgeworfen wird am Ufer der Vergangenheit, ist nicht von vornherein abzusehen, was am Haken aus dem Wasser herausgezogen wird. Prächtige Fische sind es selten oder gar nicht. Aber kleine, zierliche, mit schimmernden Schuppen und neugierigen Augen können es sein. Oder auch eine verrostete Blechdose, die einmal mit Kaviar gefüllt war. Oder das Stück eines Bilderrahmens, dem das Gemälde abhandenkam.

Wer am See sitzt und angelt, darf nicht in Eile sein. Er muss warten können auf das, was der See freizugeben bereit ist. Und dann darf er hinsehen und wählerisch sein. Vieles gibt er den Wassern der Erinnerung zurück, wie ein Hochseefischer seinen Beifang ins Meer kippt, weil er ihn nicht verwenden will. Das Übrige aber, das er ausgewählt hat, wird er behutsam von der Angel nehmen und putzen und vor sich niederlegen, um es eingehend zu betrachten.

Ich habe nicht die Absicht, meine Lebensgeschichte aufzuschreiben. Autobiographien sind die Sache von Prominenten oder von solchen, die dem Irrtum erliegen, prominent zu sein. In der Welt von Show und Sport schaffen es bereits Zwanzigjährige, ihre Autobiographie anzubieten. Was mich betrifft, so habe ich jedenfalls nicht von Sensationen oder Katastrophen zu berichten, die über mich hereingebrochen wären; auch nicht von schieren Wundern, die ich vollbracht hätte. Ich habe nicht im einsamen Segelboot den Stürmen der Ozeane getrotzt und nicht mit Bären in Alaska gerungen. Ich habe keine politischen Abenteuer und Erfolge zu vermelden und nicht einmal die Kirche an Haupt und Gliedern zu reformieren vermocht. Aber ich habe gelebt und ich habe erlebt.

Was ich aus dem See meiner Erinnerungen herausgefischt habe, erscheint mir bunt genug, um es mit anderen teilen zu können. Denn das Bunte macht Lust zur Betrachtung. Und bunt sind die Farben des Lebens.

Denkendorf, im Juli 2021
Reiner Strunk

Überraschende Wertung

Ein Friseur ist zuständig für den ordentlichen Haarschnitt. Er ist nach eigenem Berufsethos außerdem zuständig für eine kurzweilige Unterhaltung seines Kunden.

Die neue junge Angestellte im Friseursalon meiner Wahl war hübsch, redselig und auch ein wenig neugierig. Als ich zum zweiten Mal von ihr bedient wurde, entwickelte sich folgender Dialog:

„Gell, Herr Strunk, Sie sind Doktor?“

„Ja.“

„Sind Sie Arzt?“

„Nein.“

„Richter?“

„Nein.“

„Was für ein Doktor sind Sie dann?“

„Ich bin Theologe.“

„Ah – ja; na, besser wie nix!“

Großvaters siebter Sinn

Mein Großvater mütterlicherseits stammte aus einer kinderreichen Kleinbauernfamilie im Westerwald. Im Ersten Weltkrieg erwarb er sich unter Kameraden den Ruf absoluter Furchtlosigkeit, weil er es fertig brachte, im Schützengraben seinen Mittagsschlaf zu halten, während ringsum die feindlichen Geschosse einschlugen und Wellen von aufgewühlter Erde über die Geduckten niedergingen.

Die kargen Äcker des Westerwälder Hofes vermochten nicht zu liefern, was die hungrigen Mäuler Tag für Tag verlangten. Darum entschloss sich mein Großvater als junger Mann, sein Bündel zu schnüren und gemeinsam mit seiner frisch angetrauten Ehefrau das Glück in der Großstadt zu suchen. Seine Wahl fiel auf Düsseldorf. Er war praktisch mittellos und schaffte es trotzdem, nach ersten Jahren der Entbehrung ein eigenes Transportunternehmen zu gründen. Zwei Zugpferde erstand er zu günstigen Preisen, dazu einen großen Kastenwagen, bot seine Dienste an für Umzüge innerhalb der Stadt und über deren Grenzen hinaus und nannte sich fortan nicht ohne Stolz „Spediteur“.

Großvater besaß eine feine Nase für lukrative Geschäfte und einen siebten Sinn für Anzeichen von Gefahr.

Als Hitler seine Erfolgsgeschichte in Deutschland vorantrieb, die Reichspogromnacht 1938 sich aber noch nicht abzeichnete, ergriff mein Großvater Maßnahmen, die niemand verstand und die als schlichtweg verrückt bezeichnet wurden. Er reiste in den Westerwald und stellte Nachforschungen an, um ein altes Bauernhaus zu finden und zu pachten. Einen landwirtschaftlichen Betrieb brauchte das Anwesen nicht zu gewährleisten, aber eine Stallung sollte vorhanden sein. Großvater fand, was er suchte: einen kleinen Hof in der Abgeschiedenheit eines stillen Tales, auf einer Anhöhe oberhalb des Baches, dessen gleichmäßiges Murmeln die einzige Geräuschkulisse der Umgebung ausmachte. Ein Garten bot Gelegenheit, verschiedenes Gemüse anzubauen und Beerensträucher zu pflanzen.

Ohne seine übrige Familie genauer in Kenntnis zu setzen, traf Großvater weitere Vorkehrungen. Er kaufte eine Milchkuh und vereinbarte mit dem nächsten Bauern, dass er das Tier in seinem Stall unterbrachte und versorgte. Er möblierte die Wohnung mit einfachem Inventar, richtete Vorratskammern ein und bestückte sie mit Obstpresse, Butterfass und eisernen Milchkannen. Holz zum Heizen ließ er sich vom Revierförster liefern, und für die Instandsetzung der Wasserleitungen und des Lichts beauftragte er Handwerker aus der Kreisstadt.

Als alles erledigt war, verschloss er Fenster und Türen und hinterlegte die Schlüssel beim Bauern, der seine Milchkuh durchfüttern sollte.

Wochen und Monate verstrichen, und Großvater ging seinen Transportgeschäften in der Stadt nach. Über das merkwürdige Projekt im fernen Westerwald wurde kaum einmal gesprochen, es galt als unsinnige, weil sentimentale Investition eines verkappten Kleinbauern, den es in die Stadt verschlagen hatte und der sich bemühte, seine ausgerissenen Wurzeln wieder in der Heimaterde zu versenken.

Doch Großvater war nicht sentimental. Er war vorausschauend, mehr als alle anderen in seinem näheren Umfeld. Als in den Städten die Synagogen in Flammen aufgingen und ein uniformierter Mob die Schaufenster jüdischer Läden einschlug, fand mein Großvater, es sei Zeit, die richtigen Konsequenzen zu ziehen. Der Hass wird sich nicht aufhalten lassen und er wird weiter und immer weiter Gewalt gebären, und die Gewalt wird einen furchtbaren Krieg auslösen mit zahllosen Opfern, sagte er. Noch sei Gelegenheit für den Rückzug, vielleicht nicht mehr lange.

Er belud den inzwischen erworbenen motorisierten Möbeltransporter mit allen Gütern, verriegelte seine Düsseldorfer Wohnung, wünschte uns Glück und gute Gesundheit und machte sich mit der Großmutter auf den Weg in die Abgeschiedenheit. Meine Eltern schüttelten den Kopf und ließen ihn gewähren.

Kaum ein Jahr später brach los, was mein Großvater vorhergesehen hatte. Mit dem Überfall auf Polen trat die deutsche Wehrmacht eine Kriegslawine los, unter der zuletzt auch das eigene Land versinken sollte. Mein Vater wurde eingezogen, und meine Mutter stand vor der Aufgabe, drei Kinder zu versorgen. Ich war noch nicht dabei. Im Frühling des Jahres 1941, in dem Hitler den Kriegswahnsinn auf die Spitze treiben und die Sowjetunion angreifen sollte, erblickte ich zum ersten Mal das Licht der Welt. Aber es schien ein trügerisches Licht zu sein, dessen Helligkeit und Wärme ich zu misstrauen schien.

Es war, als wäre die vorausschauende Begabung meines Großvaters bereits zu einem Bestandteil meiner vorgeburtlichen Existenz geworden. Denn ich weigerte mich auf die hartnäckigste Art, den bergenden Mutterleib zu verlassen und gegen das gefährliche Dasein in einer chaotischen Welt einzutauschen. Der errechnete Geburtstermin war bereits verstrichen, als meine Mutter, von einer treuen Kusine begleitet, mit der Straßenbahn zur Entbindung im Krankenhaus der Diakonissen zu Kaiserswerth aufbrach, weil sich

in der Stadt selbst keine Möglichkeit mehr bot. Doch ich hielt mich – anscheinend ahnungsvoll – zurück. Nach drei Söhnen war meine Mutter keine Anfängerin im Kinderkriegen, aber sie musste die Klinik unverrichteter Dinge verlassen. Das Spiel wiederholte sich noch zweimal, bevor ich meinen Widerstand aufgab und es hinnahm, ein Erdenbürger in entsetzlicher Zeit zu werden.

Ein Jahr darauf meldete mein Vater, der bei einer Einheit für Luftaufklärung in der Lüneburger Heide stationiert war, dass schwere alliierte Bombardements für die Städte an Rhein und Ruhr zu erwarten seien. Wir sollten schleunigst unsere Wohnung aufgeben und Unterschlupf suchen im Westerwald, am besten auf Großvaters Pachthof oder, wenn das nicht möglich sei, in dessen Nachbarschaft.

Wir fanden Unterschlupf, aber nicht in Großvaters Bauernhaus, das von stadtflüchtigen Verwandten längst überbelegt war. Entferntere, in der weiteren Umgebung ansässige Teile der Familie winkten ab, als sie von der Zumutung hörten, eine Frau mit vier Kindern auf unabsehbare Zeit unter ihrem Dach aufnehmen und am Ende gar noch verköstigen zu sollen. Beherbergt wurden wir schließlich doch, und zwar von einer barmherzigen Wirtin, die versicherte, nicht mitansehen zu mögen, wie eine Mutter mit ihren Kindern buchstäblich auf der Straße liege. Wir bekamen ein geräumiges Zimmer über der Gaststätte zugewiesen, krochen in der Enge dicht zueinander und freuten uns, erst einmal außer Gefahr zu sein.

Der Reiz von Dämmerstunden

Weihnachten 1946. Am Nachmittag waren wir zusammen mit der Dorfjugend Schlitten gefahren, auf der abschüssigen Strecke unterhalb des Ortes, hatten mehrere Schlitten aneinander gebunden, um in ausufernden Schlangenlinien an Weidezäunen und Brombeerbüschen vorbei zu streifen, hatten Schanzen gebaut, über die waghalsige Sprünge vollführt wurden und waren nass vom Schnee und erfüllt von Lebenslust.

Als gegen Abend Mutter am Start der Rodelbahn erschien und uns zur Bescherung unterm Weihnachtsbaum rief, erwiderte mein Bruder laut und in naiver Schonungslosigkeit: „Aber wofür denn? Gibt ja doch nichts!“ Ihm hatte sich der spirituelle Sinn der Christnacht offenbar noch nicht erschlossen, und mit Grundregeln menschlichen Takts musste er anscheinend erst gefüttert werden.

Außerdem lag er mit seiner Einschätzung der Dinge daneben. Denn Mutter hatte sogenannte Krautplätzchen gebacken, die im Wesentlichen aus Rübensirup unter spärlicher Beimengung von Mehl bestanden, und die patente Tante vom Tegernsee hatte ein Paket geschickt. Darin befand sich ein Dirndl für Mutter, Tabak für den Vater und je ein Tennisball für die Jungen. Eine grandiose Überraschung! Die Tante vom Tegernsee war immer unberechenbar. Sie entsprach nicht entfernt dem Schema einer bürgerlichen Patentante, sondern war Künstlerin, Emanze, Kumpel, Abenteurer und Glücksritter in einem. Früher war sie Geschäftsführerin des Weimarer

Nobelhotels „Elefant“ gewesen und hatte mehrmals Hitler mit seiner braunen Entourage begrüßt. Es gab keine Sackgasse, aus der sie nicht den Ausgang gewusst, und keine Dürre, aus der sie nicht saftige Früchte gezogen hätte. Sie konnte sich begeistern für Literatur und liebte das Theater, dessen Ensemble sie mit derart enthusiastischem Applaus bedachte, dass es dem distinguierteren Publikum schon skandalös vorkam. Nur die Oper fiel bei ihr durch, und zwar keine bestimmte, sondern die Oper überhaupt. Das Schicksal wollte es, dass ihr Partner (verheiratet war sie natürlich nicht) sich nun umgekehrt als ausgemachter Opernnarr entpuppte, der davon ausging, dass sie ihn zu den ausgewählten Vorstellungen in München begleitete. Allerdings entledigte sie sich dieser ärgerlichen Pflicht auf ihre Weise. Sie nutzte den Umstand, dass die Taschenuhr ihres Partners über einen kleinen, aber schrillen Wecker verfügte, und stellte dessen Alarm heimlich auf die Mitte der Opernaufführung. Der Erfolg war durchschlagend. Ihr Partner fühlte sich bösartig hintergangen und obendrein blamiert, weil die Musikfreunde um ihn herum den Anschein erweckten, als seien sie kurz davor, den barbarischen Nachbarn zu massakrieren. Meine Tante gab sich gelassen und war fortan von Besuchen des Münchner Opernhauses befreit.

Am Abend nach der Bescherung versammelte man sich in der guten Stube, wie es vorher bereits an vielen Abenden geschehen war. Die Großeltern stiegen aus ihrem Tal herauf und besetzten das Sofa. Sie brachten Verwandte mit, die auf ihrem Pachthof die Schrecken des Krieges auf Distanz gehalten und eine Rückkehr in die Ruinen der Großstadt bisher nicht ins Auge gefasst hatten. Eine benachbarte Bäuerin, die Mutter irgendwie ins Herz geschlossen hatte, sowie die treue Gastwirtin, die uns gestrandete Städter nicht unbehaust lassen wollte, kamen hinzu. Und natürlich die vier Söhne.

Auf dem Tisch stand ein großer Teller mit Mutters Krautplätzchen, außerdem schenkte sie aus einer bauchigen Kanne heißen Punsch in bereitstehende Becher. Es blieb ihr Geheimnis, aus welchen Bestandteilen sie das Getränk zusammengebraut hatte.

Und dann eröffnete Vater wie ein feierlicher Liturg die längst vertraute Dämmerstunde. Sie war das gewohnte, aber niemals lang-

weilige Abendprogramm der Familie im Winter. Äußerlich bedingt durch den Mangel an Elektrizität, wusste Vater aus der Not eine Tugend und aus dem Nichts ein Kulturevent zu machen. Statt des Stroms, der entweder nicht geliefert wurde oder den man zu sparen gedachte, wurden zwei Kerzen vor Vaters Sitzplatz entzündet, während der Rest der andächtigen Runde im Halbdunkel saß. Die Gespräche flauten ab, und es wurde still. Vater griff nach dem Buch, aus dem er schon mehrere Abende vorgelesen hatte, Selma Lagerlöfs Roman „Jerusalem", fasste für die Vergesslichen den bisherigen Gang der Handlung zusammen und begann mit seiner Lesung. Und zog alle Anwesenden in seinen Bann.

Die Dämmerstunden in unserem Westerwälder Exil wurden für mich zu einer Offenbarung in mehrfacher Hinsicht. Ich begegnete erstmals dem Phänomen Buch. Was sich zwischen zwei Einbanddeckeln und auf den vielen Seiten alles verbarg! Da trat man Reisen an in unbekannte Länder und zu seltsamen Menschen. Man fand sich hineinverwickelt in Abenteuer, die den Atem stocken ließen und deren Ausgang ungewiss war. Man freute sich mit den Glückspilzen und weinte mit den Betrübten. Und wurde unversehens zu einem Teil der Welt, die unermesslich schien und voller Rätsel und Versprechungen.

Die zweite Offenbarung, die natürlich mit dem Buch eng zusammenhing, betraf die Vortragskunst meines Vaters. Ich begriff, dass Lesen mehr bedeutet als Entziffern. Auch mehr als sprachlich geformte Mitteilung. Lesen wurde zum Ereignis, zu einer Aufführung. Der Lesende spielte mit dem Text, den er vor sich hatte, und er spielte mit uns. Er wurde zum Magier der Worte. Und als solcher verstand er es, obwohl höchst präsent hinter dem Licht der Kerzen, doch selbst mehr und mehr für unsere Wahrnehmung zurückzutreten, um Platz zu machen für die Akteure der Erzählung. Wir hörten keine Sätze, wir sahen Szenen, trafen auf leidenschaftliche und hingebungsvolle Menschen, hofften mit ihnen und litten mit ihnen. Die Dämmerstunde wurde ebenso zum Traumpalast für die Seele wie zur Hohen Schule für die Lernaufgaben des Lebens. Und dies in kaum unterschiedener Weise für die Alten und die Jungen.

Wer glaubt denn noch an Osterhasen?

Gutgläubigkeit ist kein Glauben, und was den Kinderglauben angeht, so betrifft er etwas, das im Fortgang des Lebens nicht verschwinden, sondern überwunden und verwandelt werden soll.

Ich befand mich an der Schwelle zum ersten nennenswerten Misstrauen und neigte zu der Überzeugung, dass die Sache mit dem Osterhasen von den Erwachsenen ausgeheckt wurde, um kleinen Kindern einen Bären aufzubinden. Dass es Hühner waren und nicht Hasen, die Eier legten, wurde mir aus unmittelbarer Anschauung bewusst. Aber zwischen Hühnern und Osterhasen konnten Geschäftsverbindungen und Lieferverträge existieren, von denen niemand wusste. Weniger glaubhaft war schon die Prozedur der Bemalung: Verfügten Osterhasen über Farben und vermochten sie mit ihren Pfoten einen Pinsel zu führen? Vollends zweifelhaft erschien mir das Transport- und Verteilungsproblem. Alle Jubeljahre bekam man überhaupt einen frei laufenden Hasen zu Gesicht und ob der die Qualifikation zum Osterhasen besaß, war keineswegs ausgemacht. Wie sollte es also zugehen, dass über Nacht alle Haushalte mit bunten Eiern vom Osterhasen versorgt wurden? Gab es von ihnen so viele?

Die älteren Brüder witterten meine skeptischen Anflüge, machten gemeinsame Sache mit meinem Vater und schlossen Wetten ab, ob sie es fertig brächten, den Jüngsten im Hause noch einmal auf den Pfad der Gutgläubigkeit zu locken.

Am Ostermorgen wurde festlich gefrühstückt, wobei ein Wettbewerb um den Besitz des widerstandsfähigsten Eies zum Ritual gehörte. Man wählte ein Ei aus dem geflochtenen Körbchen und nahm es so in die Hand, dass es von den Fingern schützend umschlossen wurde und lediglich eine Kappe hervorlugte. Diese bot man dem Tischnachbarn zur Attacke, der sein eigenes Ei ebenso abschirmte und mit dessen freier Kappe einen Stoß gegen den Herausforderer führte. Wessen Eierschale zersprang, der musste als Verlierer ausscheiden. Allerdings gestattete das Verfahren allerlei Finten und Mogeleien, so dass es kein Wunder war, wenn der Sieg gewöhnlich an den pfiffigsten der Brüder, unseren armen Asthmatiker, ging. Er fand das völlig in Ordnung so, und jeder gönnte ihm den Triumph.

Nach dem Frühstück fädelten es die Brüder ein, dass ich bei der Haustür auf das Bruchstück einer gefärbten Eierschale stieß. Wie war das dorthin geraten? Mutter versicherte hoch und heilig, dass sie es nicht beim Abtransport der Teller verloren haben könne, denn bei der Haustür sei sie überhaupt nicht vorbeigekommen. Ich schwankte in meinen Gefühlen, war aber neugierig genug, die Haustür zu öffnen und einen Blick nach draußen zu werfen. Wieder ein Eierschalenteil. Ich lief ein paar Schritte weiter und entdeckte ein drittes, das mir knallrot in die Augen stach. Ich kehrte zurück und erklärte der einmütig verblüfften Familie, dass ich auf eine Spur von bunten Eierschalen gestoßen sei. Das sei außerordentlich interessant, meinte einer meiner Brüder; wo eine Spur gelegt werde, da sei immer Geheimnisvolles im Spiel und außerdem ein Ziel gesetzt, das man mit einiger Anstrengung erreichen könne.

Bald waren wir unterwegs, die Brüder mit mir voran, die Eltern mit Abstand hinterher. Es ging heraus aus dem Dorf, einen schmalen Pfad zwischen Wiesen entlang zum Talwald hinunter, den Vater gern bewanderte, nicht zuletzt, um seltene Pflanzen zu bergen, die er daheim trocknete, zerbröselte und als Tabakersatz in seiner Pfeife verbrannte. Die Brüder führten ein geschicktes Täuschungsmanöver vor, indem sie, von mir unbemerkt, immer wieder dieselben Eierschalen am Wegrand oder neben Baumwurzeln niederlegten und so eine lange, zielführende Spur simulierten, die mir ein aufgeregtes

Herzklopfen bescherte. Vater tönte im Hintergrund, das Ganze sehe verdächtig nach dem Transportweg eines Osterhasen aus, worauf die Brüder unisono erwiderten, jeder vernünftige Mensch wisse, dass es gar keinen Osterhasen gebe. Mit Vergnügen vertieften sie meinen inneren Zwiespalt aus gutem Glauben und ätzendem Zweifel, und ich verlor jedes Unterscheidungsvermögen zwischen Wahrheit und Lüge, nüchterner Realität und schöner Illusion.

Plötzlich gebot ein Bruder der gesamten Suchmannschaft anzuhalten und keinen Laut von sich zu geben. Er habe seitlich am Hang, in der Nähe einer ausladenden Tanne, etwas Verdächtiges bemerkt. Ein Huschen wie von einem Lebewesen auf der Flucht. Auch geraschelt habe es, wenn auch nur ein ganz klein wenig. Natürlich könne es sich um ein Reh gehandelt haben, das von unserem Besuch aufgestört wurde. Oder um einen Fuchs, der mit seinem Feiertagsbraten beschäftigt war. Oder ein Osterhase, raunte Vater mit gekonnter Unschuldsmiene. Wenn es tatsächlich ein Osterhase gewesen sein sollte, fuhr er fort, dann sei nicht auszuschließen, dass er sich noch in der Nähe aufhalte und die bunten Eier aufsammle, die ihm bei seinem erschreckten Sprung aus der Kiepe gerollt sein dürften. Darum sei es ratsam, dass der Kleinste voranschleiche, weil er am wenigsten Lärm mache und weil Osterhasen seiner Kenntnis nach Kindern gegenüber umso geringere Furcht empfänden, je jünger die Menschenkinder seien. Also ließ man mir den Vortritt und wahrte den Abstand neugieriger Zuschauer. Ich stapfte durch Blaubeersträucher und umging niederes Gestrüpp, suchte zwischendurch Deckung zwischen mächtigen Bäumen und mühte mich, Geräusche zu vermeiden, die das ganze Unternehmen zum Scheitern gebracht hätten.

Endlich hatte ich den großen Platz unter der Tanne erreicht. Ich traute meinen Augen nicht. Vor meinen Füßen breiteten sich die Utensilien einer regelrechten Malerwerkstatt aus. Da gab es Blechtöpfe, mit Farbe verschmiert. Pinsel, die zum Auswaschen in ein Gefäß mit Wasser getaucht waren, Packpapier, ein paar alte Zeitungen und – die Sensation des ganzen Inventars: einen Holzroller, an dessen Lenker ein Papierstreifen befestigt war mit großer, so auch für den Erstklässler entzifferbarer Aufschrift: „Noch abzuliefern bei R.,

dem Osterhasenleugner". Das Wort „Osterhasenleugner" bildete eine schwierige Aufgabe für meine noch unterentwickelte Lesefähigkeit und berührte außerdem einen wunden Punkt meines Gewissens. War ich tatsächlich so blind und undankbar, den zu verleugnen, der im Begriff war, mich mit einem Roller zu beglücken? Und zog er am Ende, falls ich meinen Zweifel unbußfertig versteifte, sein Geschenk womöglich beleidigt zurück? Was sollte ich denken? Und was konnte ich tun?

Die Brüder und Eltern waren nun ebenfalls den Waldhang emporgestiegen und bestaunten mit allen Anzeichen der Überraschung meinen österlichen Fund. „Donnerwetter", sagte ein Bruder, „eine verlassene Osterhasenwerkstatt! Hätte ich nie gedacht. Wie sehr sich der Mensch doch täuschen kann!" Die anderen stimmten mit ähnlichen Sprüchen und kräftigen Unterstreichungen des Staunenswerten ein, bis mir die letzten Zweifelsreste wie Schneeflocken in der Sonne schmolzen. Ich war noch einmal vom Sprungbrett der Skepsis, das ins kalte Wasser der Realitäten befördert, kurzzeitig, aber erfolgreich heruntergeholt und dem Reich der Märchen wiedergeschenkt worden. Das konnte so nicht von Dauer sein, eröffnete aber einen Übergang der allmählichen und deshalb milderen Art. Ich lernte Märchen als Märchen zu erkennen und sie doch nicht verächtlich preiszugeben, weil sie mehr Wahrheit enthalten, als der Dreimalkluge gewöhnlich ahnt.

Wie die Puppen zu tanzen anfingen

Auf dem Pausenhof tummelten sich die Schulkinder des Dorfes, und Erwachsene standen in Plaudergruppen beisammen. Alle erwarteten den Beginn der Aufführung. Es war Spätherbst, und die an den Ästen übrig gebliebenen Blätter der Blutbuche brannten in dunklem Feuer. In den Händen trugen die Kinder Gegenstände für den Lebensunterhalt: ein Stück Käse, eine Tüte Kartoffeln, eine Wurst, einen Blumenkohl, ein Gläschen Honig. Eintrittskarten wurden nicht gegen bare Münze, sondern gegen Naturalien vergeben. Es herrschte Nahrungsmangel in der Familie, und es galt, Essbares herbeizuschaffen, wo immer sich eine Gelegenheit bot.

Vater hatte aus Birkenholz Handpuppen geschnitzt, und Mutter hatte aus bunten Stofffetzen Kleider genäht, die den markanten Holzköpfen angepasst wurden. Es war eine Galerie aus eindrucksvollen Figuren, die teils dem klassischen Repertoire der Puppenspiele entlehnt, teils auch mit Anspielungen auf Charaktertypen des Dorfes versehen waren. An vorderster Front stand natürlich Kaspar, der wie immer den Hauptakteur darstellte. Ihm folgte der König mit würdigem Antlitz und goldener Krone sowie die Prinzessin, die freilich nicht zur Zufriedenheit des Künstlers ausgefallen war, weil die lieblichen Züge, die er ihr zugedacht hatte, vom Schnitzmesser nicht herausgearbeitet werden konnten. Bezaubernd schön wurde die Prinzessin also nicht, dagegen die Hexe bezaubernd hässlich mit ihren zwei krummen Eckzähnen im schiefen Maul. Der Teufel besaß keine Hörner und war nicht rot angemalt, sondern ähnelte dem Typus des Mephisto, mit eng anliegender Haube auf dem Kopf und einem ironischen Lächeln im Gesicht. Der räumlichen und geistigen Nähe zu den rheinischen Metropolen verdankte das Ensemble die Gestalten von Tünnes und Schäl, die für komische Partien des Schaustücks zuständig waren, Tünnes mit klobigem Schädel und einfältiger Miene, Schäl mit neugierig aufgerissenen, unsäglich schielenden Augen. Nicht fehlen durfte der Drache, der kunstvoll aus Stroh geflochten war, zwei große schwarze Mantelknöpfe als Augen aufgenäht bekam und seinen Rachen schier alles verschlingend aufsperren konnte. Und dann der Büttel, in dem der lokale Nachrichtendienst mit seiner Schelle wiederzuerkennen war, sowie der gescheite Lehrer mit Brille, dessen lebendiges Original im Schulhaus residierte.

Zusammen mit meinem ältesten Bruder hatte Vater aus Sperrholzbrettern eine Puppenbühne gebaut, die, zur feineren dramaturgischen Gestaltung, über zwei Spielfenster verfügte, ein großes rechteckiges oben mit Vorhangschiene und Lichtquelle und ein kleines quadratisches darunter, das für überraschende und kommentierende Zwischenspiele vorgesehen war. Das Stück, das zur Aufführung gebracht werden sollte, war von Vater ausgedacht und zusammen mit meinem ältesten Bruder in Dialogen aufgeschrieben worden. Es griff eine Ortssage vom Silberschatz im Eselsberg auf und hatte einen historischen Anhalt, weil die Reste eines alten Erzbergwerks mit Schutthalde und Einfuhrschacht immer noch zu beobachten waren. Die Sage vermeldete den tragischen Untergang des Bergwerks und wusste von Leidenschaft und Gier der Dorfbewohner zu erzählen. Sie vermochten ihren plötzlichen Reichtum seelisch nicht zu verkraften, beneideten und bekämpften sich gegenseitig oder veranstalteten in der Grubentiefe ausschweifende und gottlose Feste. Ein Zusammenbruch der gesamten Schachtanlage, bei dem die Verblendeten allesamt umkamen, war das Gottesgericht, das einer moralischen Verwahrlosung ihr verdientes Ende setzte und die Menschen zum alten ehrlichen, wenn auch insgesamt armseligen Leben zurückbrachte.

Im Flur vor dem Schulsaal hatte Mutter sich hinter einem Tisch niedergelassen und spielte die Kassiererin. Sie nahm von den hereinströmenden Kindern die verschiedensten Zahlungen entgegen, die alle einen Nährwert hatten, und verstaute sie in einer Wanne hinter ihrem Stuhl. Ich durfte neben ihr stehen und die Schätze aus den Bauernhäusern bewundern, die da allmählich zusammenkamen. Als die Kinder schließlich nervös auf ihren Plätzen hockten und die Erwachsenen im Hintergrund Platz gefunden hatten, erlosch das Deckenlicht. Eine mystische Glocke stimmte zur andächtigen Stille ein. Der Vorhang wurde beiseite gezogen, die Puppenbühne erleuchtet, und dann kam das Spiel in Gang, das mein Vater mit meinem ältesten Bruder einstudiert hatte. Nur Augenblicke später hatte ich völlig vergessen, dass Vater und Bruder hinter der Bühne hockten und ihre Puppen tanzen ließen. Die Stimme des Teufels war beißend scharf, und die Stimme der Prinzessin, die im Fall dieses Spiels zu einem regionalen Edelfräulein mutierte, klang hell und süß und brach nur gelegentlich zu einem Ausrutscher in tiefere Stimmlagen ein. Doch das schadete dem Zauber des Ganzen überhaupt nicht und ließ nicht von ferne die technischen Hintergründe des Illusionstheaters ahnen. Das Geschehen auf der Puppenbühne nahm seinen verhängnisvollen Lauf, und das Publikum fieberte mit. Vor allem das untere kleine Bühnenfenster wurde vom Kaspar wiederholt eingesetzt, die Kinder im Raum anzusprechen, von ihnen Auskünfte zu erbitten, die erteilten Hinweise grob misszuverstehen und damit die ohnehin lodernde emotionale Hitze durch gezieltes Stochern in der Glut weiter zu befeuern. Der Schlussapplaus war frenetisch und überlagerte die deutliche Enttäuschung vieler, dass die Geschichte schon aus und vorbei war.

Die Darbietungen wiederholten sich, die Begeisterung blieb gleich. Neue Stücke wurden erprobt, und die überraschende Kunde, dass im betreffenden Schulhaus ein Theaterzentrum der besonderen Art entstanden sei, überwand die Grenzen des Dorfes und drang vor in die Nachbardörfer. An Besuchern der Vorstellungen hatte es im ganzen Winter keinen Mangel, und die Familie genoss neben ihrem

kulturellen Ruhm die praktischen Vorzüge einer endlich gut bestückten Vorratskammer.

Jahre später, als mein ältester Bruder in Düsseldorf sein Abitur abgelegt hatte und im Begriff stand, sein altphilologisches Studium in Köln aufzunehmen, nahm ihn mein Vater zur Seite und besprach sich mit ihm. „Du wirst es zweifellos schaffen mit dem Studium", meinte er, „wirst das Examen bestehen, deinen Doktor machen und vielleicht sogar Professor werden an einer angesehenen Hochschule. Aber du wirst auch hauptsächlich am Schreibtisch sitzen und in alten Folianten blättern, wirst Texte sezieren und Buchstaben zählen und ab und zu einen kleinen unverständlichen Artikel schreiben für eine Fachzeitschrift, die niemand kennt. Wäre es da nicht viel reizvoller, ein Puppenspieler zu werden, Pole Poppenspäler im zeitgemäßen Stil, und mit einem Wagen voll wunderbarer Ausrüstungsstücke durchs Land zu fahren? Dass du dies könntest, hast du bewiesen. Dass du einen Weg der Freiheit beschreiten würdest, wage ich vorherzusagen. Im Spiel bekommst du es außerdem mit einer Wahrheit zu tun, die von der Wissenschaft nie zu ergründen und schon gar nicht auszuschöpfen ist."

Mein Bruder hörte sich diese Empfehlungen mit offenem Mund und kompletter Fassungslosigkeit an und wählte das Studium. Er wurde ein prominenter Gelehrter auf seinem Fachgebiet und befolgte das merkwürdige Gesetz aller Wissenschaft, über immer kleinere Forschungsgebiete immer größere Kenntnisse gewinnen zu müssen. Manchmal denke ich, er wäre vielleicht glücklicher geworden, wenn er dem unkonventionellen Rat meines Vaters Folge geleistet hätte.

Als es noch eine Milchfrau gab

Noch säumten Ruinen unsere Wohnstraße zu beiden Seiten, höchstens die Hälfte der Häuser war neu aufgebaut. Von der früheren Volksschule lagen riesige Betonplatten aus Decken und Wänden wild übereinander geschichtet und lieferten den Kindern einen ungewöhnlichen Abenteuerspielplatz. Die Verwegenen krochen trotz geltender Verbote in düsteren Trümmerkellern herum, auf der Suche nach Metallstücken und Kupferdrähten, die sich beim Schrotthändler in bare Münze umtauschen ließen. Der fahrende Obsthändler lenkte seinen mageren Gaul durch die Straßen und bot marktschreierisch an, was er auf seinem Karren hatte. Seine Spezialität waren Apfelsinenhälften, nachdem er die angefaulten Teile der Früchte abgeschnitten hatte: „Blutfrisch", rief er, „sind die herrlichen Orangen, wie gerade gepflückt aus dem Garten Eden!" Meine Mutter nannte ihn treffend den „Blutfrisch" und schickte mich zu seinem Fuhrwerk, halbe Apfelsinen einzukaufen.

Die Menschen kehrten zurück in die Mietshäuser, die eilig unter geringstem Aufwand hochgezogen wurden, und in einigen Geschäften wurden neue Fenster eingesetzt und die Auslagen geordnet. Man befand sich auf einem breiten Weg zur Normalität.

An der Straßenecke, gleich neben dem Kohlenhändler, war eine provisorische Verkaufsstelle für Milchprodukte errichtet worden. Innen ein kleiner Raum mit Glastheke, auf der seitlich ein paar bauchige Behälter mit Süßwaren thronten. Im Hintergrund große eiserne Milchkannen und in den Regalen verschiedene Käsesorten, Mehl, Nudeln und andere Lebensmittel. Die Herrin dieses kleinen Imperiums war Emmi, eine kräftige Frau in mittleren Jahren, die schuftete wie ein Galeerensklave. Niemand kannte und gebrauchte ihren Familiennamen, sie war einfach Emmi und wünschte gar nicht anders genannt zu werden. Vielleicht weil sie ahnte, dass bei der durchgängigen Verwendung ihres Rufnamens auch eine heimliche Sympathie mitschwang. Emmi war stets in aller Morgenfrühe unterwegs zur Molkerei und schleppte auf ihrem Handkarren schwere Milchkannen zu ihrer Verkaufsbude. Dort bot sie anschließend ihre Waren an bis in den Abend hinein.

Ich war täglich bei ihr zu Gast. Zu Einkaufszwecken und außerdem privat. Emmi war immer freundlich und zu jedem Austausch von Albernheiten bereit. Wenn ich Milch holen sollte, erschien ich mit einem Henkelmann, der zwei Liter fasste, stellte ihn auf Emmis Theke und äußerte meinen Wunsch mit irgendwelchen dummen Zusatzbemerkungen. Emmi hob dann den schweren Deckel von einer gewaltigen Kanne, nahm die Schöpfkelle und füllte Milch in mein Gefäß. Genauigkeit bei der Abmessung war ihr nicht so wichtig. Zwar war die Kelle mit Markierungen versehen, doch Emmi beachtete sie kaum und handelte nach Gefühl.

Gut möglich, dass meine zahlreichen Besuche bei der Milchfrau nicht allein meiner Zuneigung zu ihr entsprangen, sondern auch den verführerischen Glaskrügen auf ihrer Theke. Hatte ich irgendwo fünf Pfennig erstanden, dann dauerte es nie lange, bis ich den Weg zu Emmis Laden eingeschlagen, meine Barschaft hervorgekramt und eine ganz bestimmte Sorte Bonbons verlangt hatte. Das waren sogenannte Seidenkissen, hellblau und zartrosa gefärbte, klebrige Köstlichkeiten, mit Schokolade gefüllt. Eine regelrecht zuckersüße Angelegenheit, auf die ich wie versessen war. Emmi kassierte mein Geldstück, tauchte ihre bloße Hand in die verklebte Masse des Glasbehälters, zählte die Seidenkissen einzeln in ein ausgerissenes Stück Zeitungspapier, knüllte es zusammen und überreichte mir die begehrte Ware. Es war absolut unmöglich, alle Seidenkissen von den Papierfetzen zu lösen, mit denen sie rasch eine innige Verbindung eingegangen waren. Aber das kümmerte mich nicht und tat meinem Genuss keinen Abbruch.

Im November wurde Sankt Martin gefeiert, mit Lampions, offiziellen Umzügen und geduldeten Beutegängen von Kindergruppen. Letzteres war für mich und Gleichaltrige die Hauptsache. Ob katholisch oder evangelisch, wir rüsteten uns mit Taschen und Säcken aus und belästigten Ladenbesitzer und Privatleute an den Haustüren mit unseren Wünschen. Es war die reine, durchs Brauchtum sanktionierte Erpressung. Und jeder, den wir heimsuchten, wusste, was ihm blühte, wenn er uns eine süße Opfergabe verweigerte. Dann stellte sich die kleine Bande nämlich zum Schmähchor auf und sang, wenig melodisch, aber laut:

„Dat Huus, dat steht op eene Pinn,
der Jitzhals sitzt in der Mitte drin!“

Die Methode entsprach exakt dem, was Kinder neuerdings an Halloween veranstalten, wenn sie maskiert um die Häuser ziehen und Süßes verlangen, damit nicht Saures ausgeteilt werde.

Selbstverständlich blieb auch Emmi in ihrem Milchhäuschen nicht verschont. Doch sie hatte vorgesorgt, das ganze Jahr über. Weitsichtig sammelte sie in einem speziellen Krug die bunten Restbestände aus den Bonbontöpfen. Abgesplittertes, Zerkrümeltes, egal von welcher Sorte, wenn es nur dazu beitrug, den Vorrat im Sammelkrug allmählich aufzufüllen. Und wenn es Sankt Martin wurde, präsentierte Emmi ihre milden Gaben in Form verklumpter Bonbonpartikel, die als unverwechselbare Mischung, in Zeitungspapier verpackt, dem bettelnden Jungvolk überreicht wurden. Wir ließen es gelten, sangen kein Schmählied und lobten Emmi für ihre Freigebigkeit. Wir liebten sie alle.

Als das Wirtschaftswunder rasant an Fahrt gewann und überall gebaut und neu eröffnet wurde, waren die Tage des Milchhäuschens gezählt. Es wurde abgerissen, und an seiner Stelle entstand ein Getränkemarkt. Für Emmi gab es keine Verwendung mehr. Sie verschwand von der Bildfläche und tauchte auch im alltäglichen Straßenbild nicht mehr auf. Mit ihr hatte sich eine kleine, liebenswerte

Institution in der Nachkriegsgeschichte unseres Stadtviertels erledigt, und es gab viele, die das bedauerten. Mir aber waren die Seidenkissen abhandengekommen und mit Emmi eine vertraute Person, in deren Nähe ich wie zu Hause war.

Triumph und Elend eines Lebenskünstlers

Jede Großfamilie bringt wenigstens ein Original hervor. Bei uns war das Onkel Emil. Er war gern zu Gast in unserer Wohnung, und Abende mit ihm versprachen, kurzweilig zu werden. Wenn er den Klingelknopf bedient und die Haustür aufgestoßen hatte, pflegte er mit einem gellenden Pfiff, bei dem er keine Finger zu benutzen brauchte, sein Erscheinen anzukündigen. Ich bewunderte ihn allein schon wegen der Kunstfertigkeit seines Pfeifens, das ich nur zu gern nachgeahmt hätte. Es gelang mir aber nicht.

Der Onkel hatte sich in vorgerückten Jahren mit einer Bäckersfrau in der Düsseldorfer Altstadt zusammengetan, deren Sinn fürs Praktische, auch für den praktischen Verdienst, seinen Lebensunterhalt sicherte. Denn der Onkel vertrat die Auffassung, dass der Mensch zum Leben und nicht zum Arbeiten bestimmt sei und dass Geld nur in dem Augenblick einen Wert habe, wo man es ausgibt. Seine Philosophie bestand darin, das Angenehme zu suchen und Unangenehmes zu meiden. Im Grunde verfolgte er nur ein Ziel und das lautete, möglichst „vill Freud ze kriege". Er war der geborene Hedonist.

Ob er irgendeinen Beruf erlernt hatte, weiß ich nicht. Ich bezweifle es. Er war eine Nomadennatur, die sich gern in der Welt herumtrieb, mit Vorliebe ostwärts über das Baltikum bis nach St. Petersburg. Überall fand er sein Auskommen, ohne sich für sein Auskommen einzusetzen. Es fiel ihm irgendwie in den Schoß. Nach dem Ende seiner Lebensodyssee war er in Düsseldorf vor Anker gegangen und verbrachte jeden Vormittag im selben Altstadtcafé, mit der Tageszeitung beschäftigt. Gerüchten zufolge war er hin und wieder als Vertreter unbestimmter Artikel unterwegs, doch darüber sprach er nicht. Es war ihm nicht der Rede wert.

Wenn er bei uns zu Besuch erschien, steuerte er sofort den Eckplatz beim Küchentisch an. Ins Wohnzimmer wollte er nicht. Nirgends sei es gemütlicher als in einer beengten Küche, behauptete er, und wir klemmten uns auf die hölzerne Bank und hockten auf Stühlen um ihn herum. Er rauchte Zigaretten ohne Unterbrechung und drehte sie fingerfertig zurecht mit nur einer Hand. Die Tabaksdose wurde auf dem Tisch platziert, ein hauchdünnes Zigarettenpapier einem Etui entnommen und mit zwei Fingern so geschickt in die Tabaksdose getaucht, dass nachher die Füllung stimmte. Ebenfalls mit zwei Fingern wurde das Ganze zusammengerollt, die Papierenden wurden mit der Zunge befeuchtet und verklebt und das Genussmittel mit dem Feuerzeug entzündet. Tabakskrümel, die auf der Tischdecke landeten, wurden mit einem großen Schnupftuch, das er aus der Hosentasche zog, hinweggewedelt. Meine Mutter begleitete diese Säuberungsaktion mit immer demselben vorwurfsvollen Blick und erntete immer dasselbe Achselzucken des Onkels.

Er war ein Meister des Erzählens. Und es machte ihm Spaß zu erzählen. Wir Brüder hingen an seinen Lippen, und er zelebrierte seine Geschichten wie ein Schauspieler seine Rolle auf der Bühne. Die meisten dieser Geschichten hatte er selbst erlebt und mitunter in dichterischer Freiheit ausgebaut. Im Prinzip aber traute man ihm alles zu. Auch die Episode vom Cafébesuch auf der Düsseldorfer Kö.

Damals war er noch ein junger Bursche und mit gleichaltrigen Kameraden auf Achse, seinem Leitmotiv folgend, möglichst „vill Freud ze kriege". Sie schlenderten über die Kö und suchten das erlesene Amüsement. Vor dem feinsten Café, in dem sich Gäste ein Stelldichein gaben, die auf der Prachtstraße promenierten, um gesehen zu werden, bestaunten sie die raffinierten Auslagen im Schaufenster. Dann hatte der Onkel seinen Geistesblitz und trat, von Freunden eskortiert, durch die Drehtür ins Innere. Er verharrte vor

der Kuchentheke und schnalzte mit der Zunge. Gegenüber der Verkäuferin gab er sich den Anschein, vor einer schweren Wahl zu stehen, langte schließlich mit der bloßen Hand in die zur Schau gestellte süße Herrlichkeit, tippte mit dem Zeigefinger auf dieses und jenes Kuchenstück, um darauf seinen Zeigefinger tief in einen Berliner Ballen hineinzubohren. Die Verkäuferin, bereits einem Aufschrei des Entsetzens nahe, musste mitansehen, wie der Onkel den erwählten Ballen auf seinem Zeigefinger hoch in der Luft balancierte und fragte, was das Ding koste. Er erfuhr den Preis und machte eine tief bedauernde Miene. „Zu teuer, leider“, bemerkte er, streifte den Ballen vom Finger in die Kuchenvitrine zurück, schleckte seinen Finger ab, zog den Hut und schritt auf die Straße.

Erst später ist mir bewusst geworden, dass gerade diese Geschichte, die er wiederholt zum Besten gab, für den Onkel charakteristisch war. Denn in ihr verbanden sich Ulk und Protest zu einer prickelnden Mischung. Das Schelmenstück mit dem aufgespießten Ballen im Café Bittner war zugleich ein Affront gegen die ganze Neureichen-Szene auf der Königsallee.

Dem Onkel war alles zuwider, was den Eindruck von Überheblichkeit zu erwecken schien. Die extrem Wohlhabenden hasste er ebenso wie er die demonstrativ Kultivierten verachtete. Er sah sich selbst als einfachen Menschen, der das Einfache liebt. Und wenn dieses Einfache obendrein imstande war, vergnügt zu machen, war der Onkel bestens bedient.

Wie er keine abgepackten Zigaretten kaufte, sondern sich die Glimmstängel mit eigener Hand zurechtdrehte, so nahm er auch entschiedenen Abstand davon, Spirituosen im Laden zu erwerben. Obwohl er Spirituosen sehr zugetan war. Er besorgte sich stattdessen in einer Altstadtdrogerie literweise reinen Alkohol und versetzte ihn daheim mit verschiedenen Zusatzstoffen zu Likören und Schnäpsen aller Geschmacksrichtungen. Da seine rege Bäckersfrau nebenbei einen Schrebergarten in Rheinnähe unterhielt und außer Gemüsen auch Steinobst und Beeren erntete, wurde der hauseigene Rumtopf zu seiner Spezialität. Der hatte es in sich und war vor allem deshalb gefährlich, weil er seinen geballten Alkoholgehalt hinter einer unschuldigen Fassade süßer Früchte verbarg.

Das wussten alle, und meine Eltern wussten es auch. Und darum litten sie in ihrer Besorgtheit, wenn der Onkel regelmäßig uns Brüder, die er aufrichtig mochte, zu einem Festakt am ersten Weihnachtsfeiertag in seine Altstadtwohnung lud. Wir gingen gern, nüchtern auf dem Hinweg, ziemlich beschwipst bei der Rückkehr. Denn der Onkel zeigte sich spendabel mit seinen alkoholischen Erzeugnissen. Man musste sie gleichsam der Reihe nach durchprobieren und zensieren, wobei mir, dem mit Abstand jüngsten, ein Sonderstatus zugebilligt wurde. Wegen meines zarten Alters wurde mir die gesamte alkoholische Palette vorenthalten und lediglich ein Honiglikör zugestanden, der allerdings so mächtig in der Nase kribbelte, dass mir Tränen in die Augen stiegen. Dieser Effekt trug erheblich zur Heiterkeit der Runde bei, und man animierte mich schmeichelnd zu noch einem Gläschen und noch einem Gläschen, um sich an meinem unwiderstehlichen Tränenfluss zu weiden. Nachher war ich beschwipst wie die anderen auch, und Vater versicherte daheim – alle Jahre wieder – ein Machtwort reden zu wollen und dem Onkel die jugendgefährdenden Gelage an Weihnachten zu verbieten.

Ich hatte längst mein Studium angetreten und kehrte nur noch besuchsweise bei meinen Eltern in Düsseldorf ein, als ich erfuhr, Onkel Emil müsse ins Pflegeheim. Er war alt geworden und einsam dazu. Die Tage und die Abende verbrachte er schweigend vor dem Fernseher, ohne zu verstehen, was da vor sich ging. Die Bäckersfrau erklärte sich außerstande, seine Versorgung weiterhin zu gewährleisten. Er sollte aus dem Haus und wusste nicht, wohin. Als man eine Unterkunft für ihn in einem alten, erschwinglichen Heim außerhalb der Stadt gefunden hatte, sollte er dort eingeliefert werden. Aber niemand mochte diese Aufgabe übernehmen. Niemand mochte den notorisch heiteren und aufs Vergnügen geradezu abonnierten Onkel an einen Ort der manifesten Trübsal abschieben. Das ging einfach nicht und musste trotzdem sein. Zusammen mit meinem Bruder habe ich am Ende diese Aufgabe erledigt. Mein Bruder besaß ein Auto und machte den Chauffeur. Ich studierte aufs Pfarramt und musste die Rolle des Seelsorgers oder des Diakons ausfüllen. Ich bin mit dem Onkel ins Heim gegangen und habe ihn durch Flure und über Gänge auf sein Zimmer begleitet. Als ich von ihm Abschied nahm, sah ich einem Menschen ohne Kraft und ohne Willen in die beinahe erloschenen, unendlich traurigen Augen. Und ich erschrak vor dem, was einmal mein Beruf werden sollte.

Geerbte Leidenschaft

Dr. Berg war mein erster Deutschlehrer im Gymnasium. Er war Schlesier, hatte eine hohe Stirn, eine markante Nase und tieftraurige Augen. Anders als manche seiner Kollegen war ihm die Liebe zu seinem pädagogischen Beruf anzumerken. Während es andere offenbar nicht geschafft hatten, ihre Erlebnisse aus dem Krieg und ihre Verstrickungen in den Netzwerken der Nazis aufzuarbeiten, so dass sie den Schülern gegenüber bald zur unpersönlichen Routine, bald zum verletzenden Zynismus neigten, war Dr. Berg auffallend am Wohl, auch am seelischen Wohl der ihm Anvertrauten gelegen. Er geriet niemals in Zorn und vermied es zu tadeln. Wir verehrten ihn.

Für Klassenarbeiten ersann er ausgefallene Themen und nahm sich später Zeit, die schriftlichen Ergebnisse eingehend zu würdigen. Als die Aufgabe gestellt wurde, eine besonders haarsträubende Lügengeschichte zu erfinden, wurden meiner Phantasie die Segel gesetzt. Ich fühlte mich wie aufgedreht, schrieb in pausenloser Hast ohne Punkt und Komma und hatte ein beglückendes Gefühl dabei. Mit geblähten Segeln ließ ich mich weit hinweg in das bunteste Märchenland treiben. Bei der Rückgabe des Aufsatzheftes lächelte mich Dr. Berg freundlich an, bemerkte, dass meine Interpunktion zu wünschen übrig lasse, meine Erzählung dagegen begeisternd und beinah schon von dichterischem Format sei. Dies sagte er mit einem Augenzwinkern, damit ich nicht der Eitelkeit erliege, seine Äußerung allzu ernst zu nehmen. Fortan nannte er mich aber nicht mehr bei meinem Namen, sondern bloß noch mit dem Titel „Münchhausen", um meine Lügengeschichte und die darin zum Vorschein gekommene Schreiblust zu adeln.

Mein Vater, den es in seiner Jugend ebenso zum Theater wie in den sogenannten '„Malkasten" der Düsseldorfer Künstlergruppe gezogen hatte, seufzte unter dem Brotberuf des Architekten, den er auf Druck seiner Eltern hatte ergreifen müssen. Es wurde für ihn ein Beruf ohne Berufung und eine Tätigkeit ohne Inspiration. In seiner Freizeit zog er sich gern zurück und schrieb. Was er schrieb, entzog sich unserer Kenntnis, weil er nie davon sprach und niemandem Einsicht in sein schriftstellerisches Schaffen gewährte. Trotzdem hat er später im Rentenalter einen Roman publiziert, für den ich den Titel auswählen durfte. Ich nannte ihn „Wolfszeit".

Neben den Klassenaufsätzen waren im Gymnasium Hausaufsätze üblich, bei denen eine intensivere Beschäftigung mit dem gegebenen Thema erwartet wurde. Einmal ging es darum, einen praktischen Fall von Gewissensnot darzustellen. Mir wollte dazu absolut nichts einfallen und ich hing lustlos daheim herum und langweilte mich. Bis Vater mich ansprach und nach dem gestellten Aufsatzthema fragte. Ich nannte es ihm, und er nickte nachdenklich. „Dann lass mich mal machen", erklärte er und verschwand in seinem Zimmer. Als er wieder herauskam, hielt er mir mehrere beschriebene Blätter unter die Nase und sagte: „Da, lies das mal. Und wenn es dich überzeugt, kannst du's ja abschreiben in dein Heft."

Er hatte sich eine bizarre Szene ausgedacht, die mir unauslöschlich in Erinnerung geblieben ist. Denn er versetzte den Leser ins Cockpit der amerikanischen Militärmaschine, die auf dem Weg war, die erste Atombombe über der japanischen Stadt Hiroshima abzuwerfen. Nach einer einleitenden Schilderung der allgemeinen politischen Lage sowie der technischen und menschlichen Konstellation im US-Bomber bestand der ganze weitere Aufsatz aus einem Dialog der Piloten, die den massenmörderischen Befehl auszuführen hatten. Während einer von ihnen sein Gewissen damit zu beruhigen suchte, dass er nichts weiter als das ausführende Organ eines übermächtigen Willens sei, dem er sich nicht widersetzen könne, litt der andere unsäglich unter der Gewissensnot, die ihm der verordnete Bombenabwurf eintrug. Was ich da las, war ein Zwiegespräch von höchster Dramatik und von ausgesuchter Kenntnis bedrängter Seelenlagen. Ich konnte mir überhaupt nicht vorstellen, dieses Werk unter meinem Namen abzuliefern. Dr. Berg würde sofort im Bilde darüber sein, dass hier kein Tertianer die Feder geführt hatte, und mich wegen des schweren Plagiats fortan verachten.

Als ich meine Bedenken dem Autor vorsichtig nahezubringen versuchte, nickte er wieder nachdenklich und gestand ein, dass die Sache an dieser und jener Stelle vielleicht verkürzt werden sollte. Insgesamt ein wenig ermäßigt in der Dramatik, doch in der Substanz unverändert reichte ich den Hausaufsatz meines Vaters ein. Auf den Tag der Rückgabe und die fachliche Beurteilung meines Deutschlehrers war ich äußerst gespannt. Er ließ mich denn auch gehörig schmoren, verteilte die Aufsatzhefte nacheinander, jeweils von kurzen Kommentaren begleitet, während ich wie auf heißen Kohlen hockte. Endlich hielt er das letzte Heft in Händen, drehte es um und um, schlug es auf, blätterte wie abwesend darin herum, ohne ein Wort zu sagen, und sah mich mit seinen traurigen Augen eindringlich an. Nach einer Weile legte er seine Stirn in Falten und bequemte sich zu einem ausgedehnten „Jaaa". Mir wurde heiß und ich hatte das peinliche Gefühl, von allen Klassenkameraden argwöhnisch beäugt zu werden. Aber Dr. Berg holte nicht zu einer Vernichtung aus. Er reichte mir das Heft mit einer demonstrativen Verbeugung und sagte: „Dieser Aufsatz ist etwas Besonderes, weil er mehr als ein Aufsatz ist, nämlich ein komprimiertes Drama und ein Psychogramm obendrein. Leider ist eine höhere Wertung in unserer Notenskala nicht vorgesehen, also: Eins!" Auch wenn ich nicht recht verstand, was mit dem Wort „Psychogramm" gemeint war, durfte ich mich nach seiner Lobrede doch sehr erleichtert fühlen. Stolz jedoch war ich nicht. Denn ich war mir ziemlich sicher, dass Dr. Berg den Schwindel sofort durchschaut hatte. Mein Vater immerhin nahm die ausgezeichnete Benotung äußerlich gelassen, aber gewiss mit innerer Genugtuung zur Kenntnis.

Die Angelegenheit blieb nicht ohne Folgen. Denn mein Vater gewann einigen Geschmack am gymnasialen Aufsatzschreiben. Kam ich mit einer neuen Aufgabenstellung nach Hause, nahm er sich rasch und wie selbstverständlich ihrer Bearbeitung an und lieferte mir schmunzelnd das Ergebnis, das mir und ihm regelmäßig eine Eins bescherte. Ich hatte alle Mühe, bei den Aufsätzen, die in der Klasse und unter Aufsicht des Lehrers zu schreiben waren, vom Niveau der Hausaufsätze nicht allzu eklatant abzuweichen.

Das Spiel endete allerdings – relativ spät und absolut unvorhersehbar – mit einem Triumph meinerseits. Und das kam so:

Wieder einmal stand ein Hausaufsatz an. Es war Dezember und entsprechend lautete das Thema: „Ein Abend in der Vorweihnachtszeit". Vater fasste umgehend einen Plan, wie die Sache anzugehen sei. Da dürfe man sich nicht gleich auf den faulen Hintern setzen und aufschreiben, was einem in den Sinn komme, sondern da müsse ordentlich recherchiert werden. Also auf die Füße und ab in die Stadt! Die Kö entlang, am Corneliusplatz beim großen Kaufhaus vorbei, hin und her durch die Altstadtgassen bummeln. Und immer die Augen offen halten, um die weihnachtlichen Dekorationen in den Schaufenstern und die geschmückten Tannen sowie die Illuminationen in den Straßen und auf den Plätzen wahrzunehmen. Und die Menschen beobachten mit ihren angestrengten oder auch beglückten Gesichtern und den gefüllten Einkaufstüten in der Hand. Dazu die aufgebauten Buden, die Glühwein und Rollmöpse anboten, sowie die Schausteller und Straßenmusikanten, die ihren Teil von der vorweihnachtlichen Ausgabenfreudigkeit zu kassieren hofften. Wir zogen los, und mir wurde klar, dass ich nie zuvor mit so feinen Antennen gehört und mit so neugierigem Blick gesehen hatte wie bei diesem Abendspaziergang mit meinem Vater.

Natürlich schrieb er anschließend seinen Aufsatz und würde ohne weiteres erneut seine Eins bekommen. Und doch entwickelten sich die Dinge in diesem Fall etwas anders.

Als ich noch am selben Abend einen Freund aus der Klasse aufsuchte, der ein mathematisches Genie, aber in Deutsch ein ziemlicher Versager war, traf ich ihn träge und lustlos in seinem Zimmer an. Er kaute an seinem Stift und jammerte, dass ihm zu dem dämlichen Aufsatzthema rein gar nichts Gescheites einfalle. Es sei die Hölle. Ich überlegte kurz und witterte eine ungeahnte Gelegenheit. „Dann schreib ich dir eben den Aufsatz", sagte ich beiläufig, worauf er ansprang wie der Hund auf einen Knochen. Vom Gang durch die Altstadt hatte ich genügend Eindrücke im Kopf, um den gewünschten Aufsatz in einem Zug herunterzuschreiben. Der Dank des Freundes war mir gewiss, aber wie würde Dr. Berg sich verhalten bei der Bewertung der Texte von Vater und Sohn? Wobei ihm die verzwickte Betrügerei ja nicht bewusst sein konnte, dass der Sohn zwar nicht seinen eigenen, dafür aber einen fremden Aufsatz verfasst hatte.

Wie immer konnte mein Vater die Rückgabe der Hausaufsätze und deren Begutachtung kaum erwarten. Als es soweit war, legte ich ihm mein Heft vor und merkte an, dass es selbstredend wieder eine Eins geworden sei. Vater lächelte und nickte, sichtlich zufrieden mit sich und mit dem Urteilsvermögen meines Deutschlehrers. „Aber", schob ich langsam nach und genoss es, eine Pause einzulegen. „Aber was…?", erkundigte sich mein Vater. „Nun ja", erklärte ich, um Gelassenheit in meiner Stimme bemüht, „ich habe ebenfalls eine Eins geschrieben." Mein Vater sah mich völlig perplex an, als hege er den Verdacht, ich wolle ihn veralbern. Erst nachdem ich ihm offenbart hatte, wie es zu meiner doppelten Eins gekommen war, überzog sein Gesicht ein breites Schmunzeln, in dem ich auch ein wenig Stolz zu erkennen glaubte. Einen Hausaufsatz aber hat er seitdem nicht wieder für mich geschrieben.

Es blieben ihm ohnehin reichlich Stoff und lockende Pläne für seine Schriftstellerei in der Rentnerzeit. Er konnte stundenlang an seinem Schreibtisch sitzen und ganz woanders sein, schrieb immer mit Bleistift, den er von Zeit zu Zeit sorgfältig nachspitzte, und verwahrte sein unvollendetes Manuskript in einer verschließbaren Schublade. Wenige Jahre vor seinem Tod teilte er mir in trauriger Entschlossenheit mit, dass er mit dem Schreiben endgültig aufgehört habe. Nicht weil ihm die Schreiblust abhandengekommen, sondern weil sein Schreibvermögen ganz einfach erloschen sei. Formulierungen, die ihm vorschwebten, wollten nicht mehr gelingen.

Ideen, die aufsteigen müssten zum Himmel wie jubilierende Lerchen im Frühling, lägen aber nun matt und trüb am Boden. Und die Gedanken bekämen, kaum dass er sie aufzubauen versuche, verheerende Risse und fielen auseinander. Da werde nichts mehr ganz und nichts mehr gut.

Was ich in diesem Augenblick registrierte, war nicht sein Abschied von einer bestimmten Beschäftigung, auch nicht der Abschied von einer Leidenschaft. Es war der vorweggenommene Abschied vom Leben. Die Zeit, die ihm noch blieb, wurde zu einer Zeit ohne Erfüllung, langsames Auslaufen eines Rades, das sich schwungvoll gedreht hatte. Als er gestorben war, konnte ich mich der Erwartung meiner Mutter und meiner Brüder nicht entziehen, die Beerdigungsfeier zu übernehmen. Die Ansprache zu verfassen, ist mir nicht leicht gefallen. Doch mir war beinahe so, als sei er im Geiste dabei und führe mir heimlich die Feder beim Schreiben.

Wie ich Geschmack an Theologischem fand

In der gymnasialen Oberstufe reifte mein Entschluss, Theologie zu studieren. Damit galt ich als ziemlicher Exot in der Klasse, der sich auf ein abgelegenes Terrain des Lebens begeben wollte und sonst doch alle Symptome jugendlicher Normalität an den Tag gelegt hatte. Für die Abiturszeitung, die üblicherweise Lehrer auf die Schippe nahm und jedem Schulabgänger einen unverwechselbaren Steckbrief ausstellte, war meine Berufswahl ein gefundenes Fressen. Man bescheinigte mir, zart zu erröten, wenn man auf meine theologischen Anwandlungen zu sprechen kam. Meiner Erinnerung nach war es eher ein leichtes Erröten aus Verlegenheit als aus brennender Leidenschaft.

Ich hatte mir Zeit gelassen mit meiner Entscheidung. Sie verdankte sich also keinem einzelnen überwältigenden Anstoß. Ähnliches wie das paulinische Bekehrungserlebnis mit Blitz und Blendung sowie geheimnisvollem Anruf aus der Höhe war mir nicht beschieden, und das habe ich auch nie bedauert. Gottes Wege sind wunderbar und vor allem nicht einförmig. Und mein Schritt zur Theologie ergab sich zögernd und im Zuge wichtiger Begegnungen mit Personen und Inhalten.

Ich erinnere mich an den Deutschunterricht, der langweilig dahindümpelte, nachdem er von einem pensionsnahen Studienrat übernommen worden war. Unverhofft kam aber die gesegnete Zeit, wo er Platz machte für einen flammenden Referendar, der uns ein halbes

Jahr unterrichten sollte. Der war imstande, mich aus der Reserve zu locken und mit Gegenständen zu konfrontieren, die mich auf Anhieb begeisterten. Vordergründig bestand seine Aufgabe darin, uns mit sprachlichen Eigenheiten des Mittelhochdeutschen vertraut zu machen. Doch das tat er, indem er uns die Lektüre von Predigten und Meditationen des Mystikers Meister Eckhart zumutete. Das Gros meiner Klassenkameraden fand das ätzend und reagierte mit demonstrativem Desinteresse. Bei mir jedoch gingen die Lichter an.

Mich berührte eine erste Ahnung von dem, was man üblicherweise die Seele nennt. Sie konnte auf einmal weiter und geheimnisvoller erscheinen als die gesamte äußere Schöpfung. Sie durfte von allem überflüssigen Kram entleert und mit allem Göttlichen erfüllt werden. „Wo immer Gott ist, da ist die Seele, und wo immer die Seele ist, da ist Gott", las ich und prägte mir solche Sätze ein, die einfach wirkten und doch zu einem Impuls für eine neue Art des Nachdenkens wurden.

Im Religionsunterricht waren wir über Jahre mit biblischen Geschichten traktiert worden, und dies durchaus auf unterhaltsame Weise. Ein kleiner pensionierter Pastor von hagerer Statur und franziskanischer Heiterkeit erzählte die Geschichten nicht nur, er spielte sie vor. Er war der gewitzte Zöllner Zachäus, der auf den Maulbeerbaum stieg, und der ziemlich blinde Seher Bileam, der auf seinen unschuldigen Esel eindrosch, weil der den schwerttragenden Engel gesehen hatte, der den Weg versperrte. Das alles war kurzweilig und erweiterte unseren bibelkundlichen Horizont, umging aber auch alle kritischen Fragen, die an die biblischen Textüberlieferungen und deren Wahrheitsgehalt gestellt werden konnten.

Grundsätzlich anders wurde das erst in den Oberklassen. Uns wurde ein junger Religionslehrer zugeteilt, bei dem religiöse Aussagen und Inhalte auf einmal diskussionsfähig, aber auch diskussionsbedürftig wurden. Fragen wurden nicht ausgeschlossen, sondern fortwährend provoziert. Es war, als ob alle Fenster aufgemacht würden, damit frische Luft hereinströme. Die frische Luft konnte recht kühl sein und frösteln machen, aber sie förderte auch die Freiheit zu atmen und die Klarheit zu denken. Manche Tabus fielen und geistige

Fesseln wurden gelöst, nicht allein auf dem Feld des Religiösen, aber dort in erster Linie. Der unerschrockene Lehrer machte uns mit Nietzsches Parabel vom „Tollen Menschen" bekannt, der in einer Welt von scheinbar Aufgeklärten am hellen Tage mit der Laterne in der Hand nach Gott sucht und ihn nicht findet. Er legte uns religionskritische Schriften aus der Feder marxistischer und tiefenpsychologischer Häupter vor und stachelte uns an, deren Erkenntnisse nicht demütig hinzunehmen, sondern ihrerseits kritisch zu befragen. Das zog mich hinab in die Untiefen des Zweifels, mobilisierte aber auch Kräfte, aus solchen Untiefen heraus das gegenseitige Ufer erreichen zu können. Der Glaube wurde in diesen Prozessen nicht begraben. Er wurde geprüft. Und heraus kam die Einsicht: Wirkliche Stärke des Glaubens liegt nicht darin, dass er sich einkapselt vor allen Widerständen der Welt, sondern dass er umgekehrt sich allen Widerständen aussetzt und ihnen trotzt. Deus semper maior, Gott erweist sich als größer; größer als eine Welt, die gegen seine Wahrheit aufsteht, und größer als die moralischen oder rationalen Einwände, die den Menschen einfallen. Und ich lernte für mein Leben, dass Kritik und Zweifel dem Glauben gut bekommen, wenn sie wie eine scharfe Essenz dessen künstliche Schutzhüllen wegätzen, bis sich der goldene Kern herausstellt.

Zu solchen Entdeckungen auf der Ebene des Verstandes gesellten sich wegweisende Entdeckungen auf der Ebene des Gefühls. Zum Beispiel bei einem Besuch der Bach'schen Matthäuspassion, nicht in einer Kirche, sondern in der Düsseldorfer Tonhalle. Ich war unbefangen hineingegangen, vermutlich mit meinen Eltern, und kam benommen wieder heraus. Das Leiden Jesu, als Musikdrama vorgeführt, sprengte alle Grenzen des für mich Erwartbaren. Es war tatsächlich wie eine Offenbarung, die mich erschütterte. Ich erinnere mich gut, dass ich bei den Chorsätzen Mühe hatte, meine Tränen zurückzuhalten. Die Choräle, deren Melodie ich aus Gottesdiensten kannte, schienen aufgeladen mit einer Energie, deren Quelle nicht von dieser Welt sein konnte. Die Passionsgeschichte nach Bachs Vertonung griff nach mir und ließ mich in einer Ergriffenheit zurück, die mir bislang unvorstellbar gewesen war.

Etwa in die gleiche Zeit fiel ein Bildungserlebnis, das nach seinen äußeren Umständen überhaupt nicht spektakulär, nach seiner inneren Wirkung für mich aber höchst aufschlussreich wurde. Mein Vater, der seine privaten Studien betrieb, auch solche auf theologischem Gebiet, hatte Nachrichten vom sensationellen Schriftrollenfund am Toten Meer begierig aufgenommen und sich auf den Weg gemacht, mehr darüber zu erfahren. Und als ein Vortrag zur Sache vom Erlanger Neutestamentler Ethelbert Stauffer angezeigt wurde, schleppte er mich mit in die Johanneskirche. Die abenteuerliche Geschichte der Entdeckung dieser Schriftrollen in den Höhlen von Qumran war spannend genug; regelrecht aufregend dagegen wurden die Mutmaßungen darüber, was diese religiösen Texte für das Aufkommen des frühen Christentums zu bedeuten hätten. An Vergleichbarem oder sogar Identischen hatte es anscheinend keinen Mangel. Waren die Überlieferungen, die sich in den kanonischen Evangelien niedergeschlagen hatten, am Ende nichts weiter als Varianten oder Kopien von Inhalten, die zu einer radikalen jüdischen Kommunität am Rand der Wüste gehörten? Was war echt und historisch und was war fiktiv oder den Kräften der Phantasie oder der Imitation entsprungen? Sehr irritiert verließ ich die Veranstaltung, und Vater meinte, da seien nun wichtige Fragen auf den Tisch geraten, die man nicht leicht beiseite wischen und auch nicht aus dem Stehgreif beantworten könne. Da müsse ernsthaft geforscht und studiert werden.

Ob ihm bewusst war, was er mit seiner Bemerkung bei mir anrichtete, weiß ich nicht. Aber er pflanzte einen Keim, der sich in mir entwickeln sollte und nicht zuletzt den Entschluss zum Theologiestudium nach sich zog.

Hellas mit Hindernissen

Es gehörte zum Ehrgeiz des humanistischen Gymnasiums, das ich besuchte, für die Primaner eine Studienreise nach Griechenland zu organisieren. Vier Wochen lang im Mai 1958. Mit dem Bus von Düsseldorf aus bis nach Kap Sunion. Drei Lehrer übernahmen die Leitung der Expedition und waren bei dieser Aufgabe nicht zu beneiden.

Der Bus schaukelte uns über Autobahnen, die damals nur spärlich befahren wurden, und mir war fortwährend übel. Busfahren vertrug ich nicht, das wusste ich vorher und verdrängte es, um nicht die Teilnahme an der großen Reise zu riskieren. Ich riss mich zusammen und ersehnte jeden Pausenstopp.

Wir machten Station in Wien, bummelten durch die Altstadt und luden uns das legendäre Schnitzel auf den Teller. Dann überquerten wir die Grenze nach Jugoslawien und trafen exakt zum 1. Mai in Varazdin ein. Dort herrschte ausgelassene Festtagsstimmung, der Tag der Arbeit war im sozialistischen Jugoslawien ein herausragendes Datum, die Straßen waren geschmückt und die Frauen und Mädchen ebenfalls. Für Primaner eine Augenweide und eine Verlockung. In einer ehemaligen Kirche war alles Sakrale entfernt und Raum für weltliche Vergnügungen geschaffen worden. Wir hatten Lust mitzumachen. Eine Musikkapelle ungefähr dort, wo einmal der Altar gestanden haben musste, spielte zum fröhlichen Tanzen auf. Mädchen in farbiger Tracht, aber auch in legerer

Kleidung waren zahlreich vorhanden und hatten uns rasch als Versprengte aus einer anderen Welt ausgemacht. Sie ließen durchblicken, dass es ihnen gefallen würde, ein wenig mit uns zu spielen. Und wir hatten nichts dagegen. Also tanzten wir, geschickt oder unbeholfen, drehten uns und drehten die Mädchen im Kreise, gerieten mehr und mehr in Fahrt und hatten unseren Spaß. Bis die Kapelle eine Pause einlegte, die uns ernüchtern sollte. Denn wir sahen auf einmal, was wir vorher im Festrausch übersehen hatten: die ortsansässige, männliche Jugend nämlich. Sie hatte angefangen, sich unzweideutig gegen uns zu formieren, um klar zu stellen, wer hier Herr im Hause war. Man empfand uns als Eindringlinge, die sich einfach nahmen, was ihnen nicht zustand. Fremde Junghirsche gleichsam, die sich den Bast vom Geweih gefegt hatten und jetzt zu imponieren versuchten. Doch das wollten die Platzhirsche nicht dulden. Sie scharrten mit den Hufen und boten die Stirn zum Kräftevergleich. Wir überblickten die Lage und kamen zu dem vernünftigen Ergebnis, dass eine handfeste Auseinandersetzung nicht empfehlenswert sei. Also zogen wir uns zurück und machten uns, nicht gerade heldenhaft, aber dafür ungeschoren davon.

Dieser ersten Begegnung in Jugoslawien sollte eine höchst überraschende zweite folgen, und zwar bei der Rückreise aus Griechenland.

Inzwischen aber rollten wir erst einmal weiter in Richtung Athen und Korinth und Sparta. Die Straßen des Sozialismus wurden zu Wegen, die Wege zu Schotterpisten, und wenn ein Bach zu überqueren war, verlangte eine wacklige Brücke den Ausstieg aller Businsassen, sofern das Fahrzeug nicht ohnehin auf einer Furt durchs Wasser schlingern musste. Wir gewannen einen lebhaften Eindruck davon, was es damals bedeutete, auf dem Balkan unterwegs zu sein.

Aber wir kamen durch. Nach dem Grenzübergang verbesserten sich die Verkehrswege umgehend, und wir erreichten zügig die vorgesehenen Ziele. Kletterten steil empor auf schroffe Felsengipfel, um die Klöster von Meteora zu besuchen. Kickten in Olympia gegen eine einheimische Jugendmannschaft. Prüften das akustische Wunder des Theaters von Epidauros. Und erreichten den Nabel der Welt, die heiligen Stätten auf der Höhe von Delphi. Ein Witzbold aus unserer Klasse ließ es sich nicht nehmen, heimlich in den düsteren Untergrund des Orakeltempels zu entweichen und uns von dort durch Schallöffnungen mit abstrusen Weissagungen der Pythia zu verblüffen. Wir waren in der Antike angekommen und fanden das nicht nur erhebend, sondern auch amüsant.

In Athen war es heiß, über 40 Grad. Wir stiegen trotzdem zur Akropolis hinauf, bewunderten den kolossalen Tempel der Pallas Athene sowie das Erechtheion mit seinen herrlichen Frauenfiguren und schlenderten über die Agora, wo der Apostel Paulus mit seiner Predigt von den gescheiten Griechen höhnisch ausgelacht worden war.

Abends gab es eine Einladung beim deutschen Botschafter. Wir wurden angewiesen, uns ordentlich zu kleiden und noch ordentlicher zu benehmen und legten wenig Wert darauf, im Botschaftsgebäude dem Diplomaten zu begegnen und von seiner Etikette drangsaliert zu werden. Eines jedoch versprachen wir uns von diesem Besuch: ein opulentes Abendessen, sei es in mehreren Gängen oder mit einem überbordenden Buffet. Bei uns war nämlich seit Tagen Schmalhans Küchenmeister gewesen, weil uns die Mittel knapp wurden, die uns für die gesamte Reise zur Verfügung standen. Wir drehten jede Drachme dreimal um, bevor wir sie ausgaben. Obst auf dem Markt war besonders günstig zu haben, und wir verspeisten Orangen, bis uns ein Sättigungsgefühl überkam. Und nun also am Abend zum deutschen Botschafter. Wir hatten tagsüber sogar an Orangen gespart und wacker gefastet, mit der Aussicht auf ein Fastenbrechen, das unsere Bäuche füllen sollte bis zur Schmerzgrenze. Vom Botschaftspersonal wurden wir freundlich empfangen und in einen herrschaftlichen Saal geführt, in dessen Mitte ein großes Rechteck aus Tischen aufgestellt war, an denen wir Platz nehmen sollten. Auf den Tischen standen Gläser und Flaschen mit Rezina, dem griechischen Wein mit harzigem Geschmack. Dazu kleine Schüsselchen mit Oliven. Das war's.

Ich tröstete mich mit der Überlegung, dass dies bloß der Aperitif zur Begrüßung sein konnte, das Menu wurde wahrscheinlich erst

angerichtet und dann auf mehreren Küchenwagen feierlich hereingeschoben.

Der Botschafter erschien, hieß uns willkommen und lud zu einem Begrüßungsschluck ein. Wir gossen uns Rezina in die Gläser und kippten hinunter, was ungewohnt schmeckte. Zum Rezina gehörten Oliven, erklärte der Botschafter, sie verstärkten das besondere Aroma des Weins. Wir machten die Probe, kauten Oliven, schluckten aus den Gläsern und ersehnten mit knurrenden Mägen die Köstlichkeiten, die noch kommen mussten. Sie kamen aber nicht. Stattdessen hielt der Botschafter Reden über Athen als Wiege der abendländischen Kultur und über Völkerverständigung und die Bedeutung einer deutsch-griechischen Freundschaft, und wir hörten höchstens mit halbem Ohr hin. Allmählich sickerte die deprimierende Einsicht durch, dass es bei Rezina mit Oliven bleiben werde, zumal die betreffenden Vorräte auf den Tischen vom lächelnden Personal großzügig aufgefüllt wurden.

Wir fühlten uns schändlich betrogen und hielten uns verstimmt an das spärliche Angebot. Der Rezina schmeckte im Lauf des Abends immer besser, auch wenn er nicht zu sättigen vermochte, und wir unterschätzten seine Wirkung gewaltig, die er besonders auf leere Mägen von Primanern auszuüben vermochte. Was der Botschafter zu erzählen hatte, verschwamm immer mehr in grauen Nebeln. Und als unübersehbar dem einen oder anderen aus unserer Clique speiübel wurde, zogen unsere Lehrer die Reißleine und bliesen zum Aufbruch. Unser Benehmen mochte am Anfang der diplomatischen Etikette entsprochen haben, am Ende war es ziemlich aus den Fugen geraten. Einig waren wir uns jedoch, dass Empfänge bei deutschen Botschaftern nicht zu den Erlebnissen zählten, deren Wiederholung man unbedingt anstreben sollte.

Die Rückreise führte uns erst über sauber geteerte griechische Landstraßen und dann über die Rumpelpisten Jugoslawiens. Allein zwischen Belgrad und Zagreb war ein Stück der geplanten Transitautobahn fertiggestellt, und wir empfanden es als angenehm, zügig über den Asphalt zu rollen. Doch es war heiß, und der Asphalt glänzte, als sei er im Begriff, ins Kochen zu geraten. Plötzlich erschraken wir durch einen Knall, dem ein zweiter folgte. Der Busfahrer hielt am Fahrbahnrand, stieg aus und kurz darauf wieder ein und sagte, es seien zwei Reifen geplatzt, hinten auf jeder Seite einer, so dass der Bus dort bloß noch mit jeweils einem Reifen bestückt sei. Eine Weiterfahrt in voller Besetzung sei ausgeschlossen. Viel zu gefährlich. Und über Ersatzreifen verfüge er auch nicht mehr, nachdem er die letzten bei unserem Aufenthalt in Saloniki aufgezogen habe. Wir mussten also aussteigen und zusehen, ob Hilfe, in welcher Gestalt auch immer, vorbeikomme. Eine ziemlich verzweifelte Hoffnung, weil sich auf dem Autobahnstück überhaupt kaum ein Fahrzeug bewegte, weder in der einen noch in der anderen Richtung. Wir warteten eine gute Stunde, und es waren vielleicht gerade drei Personenwagen, die uns passierten und natürlich keine Busreifen im Kofferraum mit sich führten. Dann traf unser Reiseleiter die Entscheidung, dass der Bus leer vorausfahren sollte, notfalls bis Zagreb, um in einer Werkstatt zu bekommen, was für eine Fortsetzung unserer Heimreise unverzichtbar war. Wir blieben zurück. Der Wagen entfernte sich, wir hockten auf der Böschung über der Straße und suchten notdürftig Schutz unter der sengenden Sonne. Ab und zu glitt ein einsames Auto an uns vorüber, hupte fröhlich oder blinkte mit allen Lichtern und entschwand in der Ferne.

Stunden vergingen, und der Abend nahte. Den Lehrern wurde bewusst, dass eine neue Entscheidung gefällt werden musste, und sie ließen uns daran teilhaben. Der Plan sah vor, ein Nachtlager in erreichbarer Nähe ausfindig zu machen. Sollte in absehbarer Zeit ein Fahrzeug mit Ladekapazität vorbeikommen, wollte man alles daran setzen, es zu kapern und als Transportmittel zum nächsten Dorf zu gebrauchen. Der Plan war nicht sehr präzise und seine Umsetzung mehr als zweifelhaft. Wir warteten weiter. Unser eigener Bus kam nicht, etwas Entsprechendes kam auch nicht, wir Primaner wurden träge und die Lehrer nervös.

Aber dann das Unwahrscheinliche: Von Belgrad her tuckerte ein Lastauto heran, ein altes, klappriges Ding mit offener Ladefläche, und als sich zwei Lehrer mutig mitten auf die Straße stellten und winkten, geruhte es abzubremsen und anzuhalten. Der schnauzbärtige Fahrer grinste, als er begriff, wer wir waren und was wir wollten, und ohne sich von seinem Sitz zu erheben, wies er uns an, hinten aufzusteigen. Ein Lehrer blieb als Posten zurück, um unseren Busfahrer, wenn er denn erscheinen sollte, auf unsere Spur zu bringen. Wir zuckelten eine Weile über die Autobahn bis zur nächsten Ausfahrt. Neue schwierige Verhandlungen, mit dem Ergebnis: Wir sollten mit dem Laster die nächste Ortschaft ansteuern, um dort eine Unterbringung für die Nacht aufzutreiben. An der Ausfahrt wurde der zweite Lehrer zurückgelassen, als Lotse für unseren erhofften eigenen Bus. Das Repertoire an Lehrkräften ging so allmählich zur Neige. Der letzte von ihnen, Mathematiker und Geograph, begleitete uns ins Ungewisse.

Inzwischen war es dunkel geworden. Der Laster holperte über die unebene Strecke, quälte sich Steigungen hinauf, nahm abwärts Fahrt auf und erreichte hupend ein abgelegenes Dorf. Er hielt auf einem düsteren, von keiner Laterne erleuchteten Platz, der von niedrigen Häusern umstanden war. Nur da und dort war ein Fenster von innen erhellt. Man sah keinen Menschen und vernahm bloß das Gekläff einiger Hunde, die von der ungewohnten Invasion erregt worden waren. Wir schienen in ein Geisterdorf verschlagen oder in ein finsteres Räubernest entführt zu sein. Der Fahrer bediente erneut seine Hupe und sprang aus dem Führerhaus. Dann verschluckte ihn die Nacht. Unser Geographielehrer gestand, keine Ahnung zu haben, wo wir uns befänden und was nun überhaupt werden solle. Vom Wagen herunterzusteigen, empfehle sich nicht, vielleicht würden wir noch irgendwohin weitergekarrt.

Plötzlich tauchten Menschen mit Lampen auf, und wir erkannten unseren Chauffeur an deren Spitze. Er forderte uns auf, von der Ladefläche herunterzuklettern und steuerte ein Gebäude an, in dem gerade das Licht aufgeflammt war. Die Tür wurde weit geöffnet, wir traten näher und merkten, dass es sich um das örtliche Schulhaus handeln musste. Der große Unterrichtsraum wurde bereits von fleißigen Händen geräumt, Bänke wurden beiseitegeschoben, Stühle gestapelt und in einem Nebenraum verstaut. Ein halbes Dutzend Männer in bunten Kitteln hatte sich eingefunden und legte Hand an. Dabei lachten sie und redeten in ihrer Landessprache, die keiner von uns verstand. Kurz darauf erschienen Frauen in der offenen Tür und huschten an uns vorbei, als fürchteten sie die Berührung. Sie hatten Körbe bei sich, aus denen sie Köstliches hervorzauberten: Obst und Käse, Brote und Würste, dazu Flaschen mit Getränken. Sie schleppten einen Tisch herbei, auf dem sie alles ausbreiteten, und begannen ohne Ankündigung, die Brote aufzuschneiden und mit Wurst und Käse zu belegen. Und dann folgte der szenische Höhepunkt. Die Frauen mit ihren langen Kleidern und bunten Kopftüchern zogen sich schweigend zurück, und an ihrer Stelle betraten Mädchen in ihren Sonntagskleidern den Schulraum. Sie hielten den Blick züchtig gesenkt und wandten sich dem aufgebauten Buffet zu, von dem sie Speisen und Getränke auf ihre Tabletts luden. Dann drehten sie sich um und näherten sich wie strahlende Feen in einem Märchenfilm. Und das Ganze wurde in der Tat zu einem märchenhaften Akt unerwarteter Gastfreundschaft. Wir schlemmten wie die Fürsten und verglichen diesen Empfang in einem kroatischen Dorfschulhaus mit dem prachtvollen Saal des deutschen Botschafters und seinen mageren Oliven. Je fröhlicher wir wurden, desto deutlicher legten auch die Mädchen ihre Zurückhaltung ab, sie lächelten vergnügt und manchmal auch verführerisch, und es gab zweifellos Kandidaten unter uns, die sich einem delikaten, zuckersüßen Nachtisch kaum verweigern würden. Unserem Lehrer schien das nicht entgangen zu sein und er drohte stirnrunzelnd mit dem Zeigefinger, dass wir brav bleiben und keine Abwege beschreiten sollten.

Als die älteren Frauen erneut auf der Bildfläche erschienen, schwer bepackt mit Decken und Kissen, hupte es draußen wie zum Alarm. Das war unser eigener Bus, der offenbar zur Oase unserer Wonnen gefunden hatte und zum sofortigen Aufbruch blies. Was wir jedoch vor Stunden ersehnt hatten, erlebten wir jetzt als ärgerliche Störung. Es war, als würden wir brutal aus einem betörenden Traum gerissen. Wir mussten den Rest der Mahlzeit, die wärmenden Decken und die Nähe der Mädchen aufgeben und mitten in der Nacht den Bus besteigen, der uns heimwärts befördern sollte. Der Abschied war kurz, aber herzlich. Mit Dankesworten, Händeschütteln, ja sogar einer raschen Umarmung da und dort, und schon zogen wir davon, heraus aus einem kleinen kroatischen Dorf, dessen Namen ich nicht weiß und dessen Lage ich nicht kenne. Aber die Menschen aus diesem Dorf sind mir unvergesslich geblieben.

Ein Zelt ist keine Burg

In Bonn hatte ich einen Studienfreund, der nicht nur reiselustig war, sondern auch über Grundvoraussetzungen verfügte, um Reisen möglich zu machen. Auf dem Rücksitz seines Motorrads kam ich, durchgeschüttelt wie auf einer Dreschmaschine, erstmals nach Paris. Wir tauchten ein in die Stadt und ließen uns überschwemmen von Eindrücken. Geld hatten wir praktisch keines in der Tasche und eine Unterkunft gebucht hatten wir auch nicht. Wir nächtigten wie die Clochards am Ufer der Seine oder im Park von Versailles, durchstöberten die Sehenswürdigkeiten der Stadt und mischten uns mitten in der Nacht unter das bunte Volk in den berühmten „Les Halles", dem Bauch von Paris. Dort erbaute man sich am Betrieb der Händler und der Lieferanten, der Nachtschwärmer und der Lebenskünstler und schlürfte seine Zwiebelsuppe an irgendeinem Imbisstand. In Paris konnte man leben, ohne schlafen zu müssen.

Das größere Unternehmen folgte ein Semester danach. Der Freund hatte sich den betagten PKW seines Vaters ausgeborgt und schlug eine Reise nach Florenz vor. Unser spärliches Gepäck verstauten wir im Fond, und im Kofferraum lagerte eine komplette Ausrüstung zum Zelten. Ich schaute mir die Teile an und war beeindruckt, aber auch vollkommen ahnungslos, wie aus Zeltbahn und Stangen und Keilen und Stricken eine wetterfeste Behausung für die Nacht hergestellt werden konnte. Und es trug nicht zu meiner Zuversicht bei, dass der Freund gestand, selber noch nie ein Zelt aufgerichtet zu haben.

Die Fahrt war das schiere Vergnügen. Wir waren jung, hatten Ferien, brausten unbeschwert durchs Land und fühlten uns angetrieben von einem ungeheuren Appetit auf Leben. Außerdem folgten wir dem deutschen Verlangen nach Italiens Sonne und Kultur. Venedig wäre als Zielort ebenfalls denkbar gewesen, aber Florenz erhielt den Vorrang, weil wir uns der Renaissance näher fühlten als dem Barock und weil Künstlergrößen wie Donatello und Michelangelo und Leonardo da Vinci lockten. Wir überquerten die Alpen und genossen die Serpentinen hinauf und hinunter, die der alte PKW souverän und nicht selten mit quietschenden Reifen in den Kurven meisterte; gondelten an Stränden der Riviera entlang und erreichten endlich Firenze. Der Campingplatz befand sich jenseits des Arno, mit einem sanften Gefälle zum Fluss hinunter, der im Hochsommer kaum Wasser führte und eine natürliche Grenze zur Altstadt bildete.

Wir parkten und luden aus. Der Platz war reich belegt von Campingfreunden, die ihre Zelte alle sauber aufgebaut hatten, eines imponierender als das andere, mit Schatten spendenden Überdachungen vor dem Eingang, mit bequemen Liegestühlen und bemaltem Kaffee- oder Teeservice auf niedrigen Gartentischen. Wir begriffen auf Anhieb, dass wir uns als Amateure unter Profis befanden. Oder anders: dass wir in ein Gelände eingedrungen waren, das zum Herrschaftsbereich einer besonderen Kaste gehörte, die ihre eigenen Lebensgewohnheiten und Spielregeln besaß und eine untrügliche Witterung hatte für alles, was ihresgleichen war und was nicht. Wir waren unbedingt anders. Wir hatten ein Zelt, das längst aus der Mode gekommen, klein und schäbig war und das wir nicht einmal recht auf die Beine zu bringen verstanden. Wir hantierten mit der Plane herum und schlugen Heringe in den Boden, die dem Zelt Form und Halt verleihen sollten, aber rundum etwas wahllos verteilt erschienen. Hauptsache, das Ding stand und sackte nicht kraftlos in sich zusammen. Wir spürten die neugierigen und hämischen Blicke, die unsere Arbeit begleiteten, und ahnten die höhnischen Kommentare, die unser Werk beschlechtachten würden, sobald wir die Bühne verlassen hätten. Aber das beschwerte uns nicht. Wir waren nicht zum

Zelten angerückt, sondern zum Besichtigen und Erleben der Stadt. Das Zelt bedeutete nicht mehr als den unvermeidlichen Schlafplatz während der Nacht. Da mochte sich die armselige Behausung wie ein heruntergekommener Vagabund in der besseren Gesellschaft ausnehmen oder wie ein Klohäuschen im Villenviertel, uns reichte, was wir da mitgebracht und einigermaßen aufrecht hingestellt hatten, und wir verließen die Stätte in fröhlicher Erwartung florentinischer Kostbarkeiten.

Die Stadt unternahm alle Anstrengungen zu halten, was wir uns von ihr versprochen hatten. Wir hielten andächtig vor der imposanten Westfassade der Kathedrale Santa Maria del Fiore mit ihren spätromanischen und frühgotischen Gliederungen. Die Sonne der Toskana ließ die mächtige Kuppel Brunelleschis glänzen und Giottos Campanile erhob sich wie ein enormer eckiger Zeigefinger, der dringend die einzuschlagende Richtung von der Erde zum Himmel hinauf anzeigte. Beim Neptunbrunnen auf der Piazza della Signoria, wo Michelangelos legendärer „David" seinen ursprünglichen Platz gehabt haben soll, sowie auf benachbarten Plätzen der Altstadt herrschte sommerliches Treiben. Straßencafés quollen über von Espresso schlürfenden Müßiggängern, und flanierende Touristen mit Rucksack auf dem Rücken, Reiseführer in der Hand und Dackel an der Leine stellten freiwillig zur Schau, dass sie aus Deutschland kamen.

Unser innerer Schulmeister ließ uns wissen, dass wir nicht nur zum Vergnügen, sondern auch und vor allem zur Bildung in der italienischen Kunstmetropole weilten. Schließlich seien die namhaftesten Maler und Bildhauer mit der Stadt verbunden gewesen, und es sei absolut unzulässig, an Musentempeln wie den Uffizien oder dem Palazzo Pitti achtlos vorbei zu schlendern. Also rafften wir unsere Bildungsenergien zusammen und besuchten die Uffizien. Bei einer derart überwältigenden Ansammlung großer Kunst steht man vor einem strategischen Scheideweg: Durchquert man die Räume zügig, um möglichst viele Exponate zu Gesicht zu bekommen; oder sucht man sich ein einzelnes Werk aus, um es in Ruhe und mit großer Aufmerksamkeit zu studieren? Mein Freund wählte die quantitative, ich die qualitative Variante, mit dem Ergebnis, dass wir zum Ende der Öffnungszeit beide dem Ausgang zustrebten und unvermittelt wahrnehmen mussten, wie die Welt sich verändert hatte.

Das strahlende Licht eines toskanischen Sonnentages war einer trüben Dämmerung gewichen, aus der es unwahrscheinlich goss. Straßen und Plätze waren leer gefegt. Der Regen trommelte auf die Metalltische der Straßencafés, und ab und zu huschte ein Verwegener, Mantel und Kapuze über den Kopf gezogen, an den Hauswänden entlang. Wir besetzten einen halbwegs trockenen Stehplatz unter einem vorspringenden Balkon. Zu unseren Füßen verwandelte das Wasser die Straße in einen gurgelnden Bach, der dem Arno zustrebte und dessen niedrigen Pegelstand nach oben zu befördern half. Wir schauten uns nachdenklich an, was im sonnenverwöhnten Italien anscheinend auch möglich war, und plötzlich griff der Freund nach meinem Arm, schüttelte mich und raunte: „Was meinst du, wie es gerade unsrem Zelt auf dem Campingplatz ergeht?"

Es ergab keinen Sinn, sich auf trübe Phantasien einzulassen. Wir waren zum Vergnügen in Florenz und deshalb wild entschlossen, uns von ein bisschen Feuchtigkeit die Laune nicht verderben zu lassen. Außerdem durfte man darauf vertrauen, dass Wolkenbrüche von kurzer Dauer zu sein pflegen. Der in Florenz allerdings erlaubte sich, von der bekannten Regel abzuweichen. Er dachte einfach nicht daran, Schluss zu machen. Oder er bestellte, kaum dass er sich vollkommen ausgeschüttet hatte, gleich seinen würdigen Nachfolger herbei. Zur Abwechslung zuckten Blitze über die Dächer, und ein missgelaunter Donner rollte durch die Gassen.

Irgendwann freilich ging auch diesem Wetter die Puste aus. Es regnete immer noch, aber ziemlich langsam, und wir riskierten den Abmarsch aus unserem Unterstand. Ohne Diskussion waren wir uns einig, dass jetzt nicht die Zeit war, die Bescherung auf dem Campingplatz anzusehen. Dafür bestand später noch Gelegenheit. Also strömten wir durch die einladende Pforte einer nahen Pizzeria und ließen uns nieder, um uns an den vertrauten Fladen zu stärken und mit Hilfe von Chianti zu erheitern. Das funktionierte so lange, bis uns die bescheidenen finanziellen Möglichkeiten, die uns zu Gebote standen, zum Aufbruch mahnten. Wir konstatierten, dass wir einen schönen Tag erlebt hatten, aber jetzt nahte der Abend und mit dem Abend die Stunde der Wahrheit. Wir überquerten den Arno und stiegen am anderen Ufer zum Campingplatz hinauf, recht schweigsam und ganz ohne Eile.

Die ersten Zelte, die wir erreichten, wirkten unversehrt. Sie waren nass, und es tropfte emsig von Vordächern herab, aber Schäden waren nicht auszumachen. Das gab Hoffnung. Wir liefen weiter durch Gassen zwischen den Zelten, die anscheinend alle dem Unwetter mit Erfolg getrotzt hatten. Unsre Spannung stieg. Als wir bei unserem alten PKW angekommen waren, neben dem unser Zelt

aufgebaut war, trafen wir auf eine öde Stelle. Genauer: auf ein versumpftes Gelände. Das Zelt stand nicht mehr, es war überhaupt nicht mehr da. Wir mussten freilich nicht lange suchen, bis wir es fanden. Wind und Wetter hatten die Heringe aus dem Boden gezerrt, das Zelt zusammengefaltet und ein Stück bergab geschwemmt, bis es sich in einem Gebüsch verfangen hatte. Zum Übernachten gab es hier nichts, und wir waren bloß froh, dass wir unser spärliches Gepäck im Auto gelassen und nicht im Zelt verstaut hatten.

Wir schauten uns um und stellten fest, dass wir die einzigen Camper waren, denen das Missgeschick eines völligen Zusammenbruchs ihrer Heimstatt widerfahren war. Ringsum standen die Zelte aufrecht und absolut intakt, und etliche Hausherren beobachteten mit verschränkten Armen und offensichtlich bester Laune, wie wir uns daran machten, die schlaffe Haut unseres Wigwams aus einem Gemenge von Wasser, Erde und diversem Unrat zu bergen. Das war mühselig und außerdem beschämend. Wir waren die Deppen vom Dienst und mussten vor aller Augen ausbaden, was wir uns in sträflicher Vernachlässigung der Techniken des Campings eingebrockt hatten. Und als wir das nasse und verschmutzte Zeug zum Auto hinaufschleppten, fühlte sich obendrein ein Campingprofi bemüßigt, uns Lehren zu erteilen. „Ihr seid mir aber auch Simpel", tönte er lautstark, damit es viele in der Nachbarschaft mithören und bestätigen konnten, „erst macht ihr das Zelt nicht richtig fest, dass es beim leisesten Wind in sich zusammenfällt. Und dann seid ihr zu faul oder zu dämlich, rund ums Zelt einen ordentlichen Wassergraben mit Ablauf zum Tal hin anzulegen, der verhindert, dass das Regenwasser euren ganzen Krimskrams davonträgt. So was gehört zum Einmaleins vom Camping, und wenn ihr das nicht beherrscht, bleibt ihr besser bei Muttern daheim in der guten Stube."

Wir nahmen die Rüge hin, weil der Mann im Grunde ja recht hatte, breiteten das Zelt zum Trocknen über den Kühler des Autos aus, krochen zerknirscht ins Innere des Wagens und richteten uns auf den Sitzen notdürftig ein für die Nacht.

Irgendwie habe ich nach diesem Erlebnis nie wieder die Neigung verspürt, mit einer Zeltausrüstung auf Reisen zu gehen.

Zu Besuch beim „roten Bischof“

Herleshausen/ Wartha. Der Bus steuerte langsam auf den Grenzposten zu. Würde man uns aufhalten, unsere Koffer durchsuchen, in denen wir theologische Schmuggelware für unsere Gastgeber in Jena versteckt hatten?

Es war das Jahr 1964, nicht lange nach dem Bau der Mauer in Berlin, des antifaschistischen Schutzwalls, wie er im SED-Jargon genannt wurde. Der Kalte Krieg hatte seinen Höhepunkt erreicht und drohte jederzeit umzukippen in einen heißen, den niemand wollte. Reisen über die Grenze waren so gut wie ausgeschlossen. Der sozialistische Staat verbarrikadierte sich und seine Menschen, um nicht auszubluten. Was er unternahm, waren Reflexe der politischen Verzweiflung.

In Bonn hatte sich ein Theologieprofessor aus Jena, Gerhard Gloege, niedergelassen, der eine Ausreisegenehmigung erhalten hatte, weil er erstens mit seiner Erkrankung in der DDR nicht ausreichend behandelt werden konnte und zweitens ein namhafter Theologe war, den man ohnehin lieber im Westen wusste. Doch Gloege hatte zahlreiche Kontakte zu Personen und Institutionen der DDR und war entschlossen, sie zu nutzen. Er verkehrte häufig im Bonner Hans-Iwand-Haus, einem landeskirchlichen Wohnstift für rheinische Theologiestudenten, in dem ich meine letzten Semester vor dem Examen verbrachte. Und dann unterbreitete er uns bei einem abendlichen Konvent seine Idee: eine größere Gruppe Studierender aus dem Iwand-Haus sollte nach Jena reisen, die dortigen Dozenten besuchen und mit den Studenten ins Gespräch kommen. Man dürfe einander nicht aus den Augen verlieren und könne viel voneinander lernen, meinte er. Die Organisation der Fahrt, vor allem der Begegnungen und der Aufenthalte auf dem Territorium der DDR, wollte er selbst in die Hand nehmen. Einwände, dass so kurz nach Errichtung der Mauer doch gar keine Einreiseerlaubnis zu erwarten sei, erst recht nicht von einer größeren Gruppe und dann auch noch von Theologen, quittierte er mit Gelassenheit. Wir sollten ihn ruhig machen lassen.

Das taten wir. Und waren mächtig gespannt auf ein Abenteuer der ganz unvorhersehbaren Art. Theologische Fachliteratur, die in der DDR nicht erhältlich, weil nicht geduldet war, stopften wir in unsere Koffer, in der vagen Hoffnung, dass die üblichen Gepäckkontrollen am Grenzübergang ausnahmsweise unterbleiben könnten. Vielleicht weil infolge einer Infektionswelle an der Grenzstation plötzlich Personalmangel herrschte. Oder weil der zuständige Volkspolizist ein bekennender Christ und verkappter Kirchenmann war, der uns aus lauter Sympathie unbehelligt durchschleuste. Wahrscheinlich war das nicht. Aber was sollten wir machen und was erhoffen?

Wir hatten einen alten Bus gemietet, weil die Reise preisgünstig ausfallen sollte. Aber das rächte sich. Irgendwo auf der Strecke fing der Motor an zu stottern und gab kurz danach den Geist auf. Zum Glück waren wir auf der Autobahn nahe einer Rast- und Tankstelle zum Erliegen gekommen. Der Fahrer machte sich mit Schraubenschlüsseln und sonstigem Bordwerkzeug am defekten Motor zu schaffen und brach nach kurzer Zeit zur Tankstelle auf, um Hilfe zu holen. Wir waren alle ausgestiegen und hockten am Fahrbahnrand herum. Vermutlich würde sich der Schaden beheben lassen, so dass die Reise fortgesetzt werden konnte. Aber wir verspäteten uns gewaltig. Am frühen Abend sollten wir in Eisenach eintreffen und pünktlich zu einem Empfang bei Bischof Mitzenheim erscheinen. Der war in der Westpresse als „roter Bischof“ verschrien, weil er sich einem kalkulierten Konfrontationskurs anderer DDR-Bischöfe gegen das herrschende Regime nicht anschloss und sich scheinbar unbekümmert mit Repräsentanten des Staates traf. Wir pflegten also unsere Vorbehalte und waren doch gespannt, diesen Mann leibhaftig zu erleben. Mit der Autopanne und einer unvermeidlichen Verspätung war dies jedoch fraglich geworden.

Ein Techniker von der Tankstelle brachte gemeinsam mit dem Fahrer unseren Bus wieder in Gang. Aus ungeklärten Gründen zuckelte er nun aber über die Autobahn, so dass unser Termin beim Thüringer Bischof verstrich, lange bevor wir Herleshausen erreicht hatten. Der Bus schob sich vor zur Schranke, links stieg der Fahrer aus, um die Kontrollstelle aufzusuchen, rechts stieg ein Volkspolizist ein. Wir hielten unsere Personalpapiere griffbereit und dachten an unsere geistliche Schmuggelware, die im Kofferraum unter dem Bus verstaut war. Der Volkspolizist tippte mit dem Zeigefinger an seine Schirmmütze und erklärte: „Meine Herren, Sie kommen aus Bonn und wollen nach Eisenach. Aber Sie sind spät dran. Bischof Mitzenheim hat bereits angerufen und erwartet Sie. Also zögern Sie nicht noch länger, mit ihm zusammenzutreffen!"

Sprach's, stieg aus und verschwand.

Der Busfahrer stieg auf seinen Sitz und ließ den Motor an. Wir passierten die Zollgebäude ohne die geringste Behinderung. Nach der Grenze war uns zumute, als ob wir träumten. Was war das bloß gewesen? Keinerlei Kontrolle, nicht der persönlichen Papiere, nicht der Taschen und Koffer, nicht der verborgenen Fächer und Nischen am Bus. Man hatte uns einfach durchgewinkt. Weil der Bischof angerufen und seinen Wunsch geäußert hatte. Ein Bischof der ohnmächtigen und politisch verfolgten Kirche in der DDR. Wir staunten, und es war keineswegs so, dass wir über diese Lösung unseres prekären Grenzübertritts unglücklich gewesen wären. Ganz im Gegenteil. Wir atmeten auf und lachten. Doch wir wussten auch, dass wir soeben die praktischen Vorteile einer bischöflichen Politik genießen durften, die wir – theoretisch und aus der Ferne – verabscheuen zu müssen meinten.

Moritz Mitzenheim empfing uns mit nachsichtiger Gastfreundschaft und zeigte sich weitaus gesprächsbereiter, als wir uns vorgestellt hatten. Ja, die Kritik an seinem Kurs sei ihm bekannt, sagte er, aber es sei unfair, ihn einen lauen Opportunisten zu nennen. Er buckle nicht vor dem Staatsrat und seinen Bevollmächtigten. Er habe nur reiflich überlegt und sorgfältig abgewogen, unter welchen Bedingungen die evangelische Kirche in einem erklärtermaßen atheistischen Staat überleben könne. Generelle Opposition sei da nicht nur schwierig, sondern auf die Dauer tödlich. Also müsse man Möglichkeiten der Koexistenz ausloten. Und bei einer Koexistenz von einander widersprechenden Systemen seien auf beiden Seiten Zugeständnisse gefordert. Bei der Beschaffenheit solcher Zugeständnisse sei natürlich in jedem Einzelfall zu prüfen, ob sie nicht an die unverhandelbare Substanz gingen und die eigene Identität ruinierten. An dieser Art von permanenter Gratwanderung komme man nicht vorbei, auch wenn man sich das in schwachen Augenblicken wünsche. Theologisch betrachtet, wende er mit seinem Kurs im Grunde die Prinzipien der Zwei-Reiche-Lehre Martin Luthers an. Eines sei das Reich der weltlichen Lebensverhältnisse, ein anderes das Reich des Evangeliums und der Kirche. Und beides dürfe auf keinen Fall miteinander vermengt werden. Im Reich der Welt regierten andere Instanzen als im Reich der Kirche. Und es sei von Gott geboten, dass dem weltlichen Regiment Anerkennung gezollt werde, auch wenn man als Privatperson mit dessen Politik nicht einverstanden sei. In der Rolle des Bischofs müsse er von solchen Problemen und Bedenken absehen, weil ihm die Aufgabe zukomme, für das Wohl der Kirche insgesamt einzustehen. Ob er sich dabei beliebt mache oder verhasst, sei gleichgültig, weil es nicht um seine Person gehe. Wenn er also geschmäht oder sogar verteufelt werde, weil er sich angeblich dem Unrechtsstaat anbiedere, dann müsse er das aushalten. Ein Grund, seine Strategie zu ändern, ergebe sich daraus nicht. –

Unsere Gastgeber an der Theologischen Fakultät in Jena empfahlen uns, das Kolleg des Atheismus-Professors Olof Klohr unbedingt zu besuchen. Er besetzte einen Lehrstuhl für wissenschaftlichen Atheismus in Jena, den einzigen in der DDR und in der sozialistischen Welt überhaupt. Er vertrat ein Forschungsgebiet der reinen Negation; nicht für irgendetwas, sondern bloß dagegen, nämlich gegen die Wahrheitsansprüche der Religion und deren Systematisierung in der Theologie.

Wir sollten nun die Gelegenheit ergreifen, ihn in Diskussionen zu verwickeln. Mit großem Vergnügen waren wir bereit dazu und spitzten unsere argumentativen Pfeile im Köcher, um sie als gesammelte Ladung abzuschießen, bis der atheistische Professor wie ein heiliger Sebastian vor uns stehen würde. Ganz so martialisch fiel die Sache am Ende nicht aus, aber wir schlugen uns wacker und rupften an seinen antireligiösen Happen herum wie eine Bande Aasgeier am ausgelegten Kadaver.

Wenige Jahre später wurde der Lehrstuhl für wissenschaftlichen Atheismus dann auch wieder abgebaut, und kein Mensch hat ihn vermisst.

Mit Klaus-Peter Hertzsch trafen wir auch zusammen, der einige Jahre später seine wunderbaren biblischen Balladen („Der ganze Fisch war voll Gesang") veröffentlichen sollte und dessen Vater in Jena Dogmatik lehrte. Den Hertzsch-Sohn habe ich später noch einmal in Eisenach erlebt, als seine Erblindung bereits fortgeschritten war und er trotzdem einen Gottesdienst in überfüllter Kirche hielt. Er hatte keine Agende und kein Manuskript in Händen und brauchte beides nicht. Neben der Gemeinde von Erwachsenen war eine große Kindergruppe anwesend und dazu noch ein gutes Dutzend geistig Behinderter, die vorn in der ersten Reihe saßen. Ich fragte mich, wie lange es dauern werde, bis diese heterogene Versammlung in chaotische Turbulenzen übergehen werde, zumal zu allem Überfluss auch noch ein gemeinsames Abendmahl angekündigt war. Doch Hertzsch blieb souverän Herr der Situation. Er sah beinahe nichts und hatte doch alles im Griff. Am Anfang des Predigtteils, bei dem er nicht auf die Kanzel stieg, sondern sich freihändig vor die Gemeinde stellte, bat er die Erwachsenen um Verständnis dafür, dass er zunächst eine Geschichte für die Kinder erzählen wolle. Die Geschichte handelte von seiner Nachbarin, die er anscheinend auch sonst gern als fiktive Figur in seinen Erzählungen heranzog, und im

Gefolge dieser Nachbarin wurde man Schritt für Schritt ins Milieu und in den Handlungsgang einer biblischen Geschichte hineingeführt. Die Kinder waren mucksmäuschenstill und horchten zu, und die Erwachsenen horchten mit. Darauf wandte Hertzsch sich direkt an die Kinder und warb um ihr Verständnis dafür, dass er jetzt auch noch einige Sätze zu den Erwachsenen reden müsse, damit die ebenfalls verstehen könnten, worum es in der Geschichte ging. Kein Laut war zu hören, nicht die geringste Unruhe kam auf, weder im Block der Erwachsenen noch bei Kindern und Behinderten.

Zum Abendmahl lud Hertzsch alle Anwesenden nach vorn. Sie sollten sich in Gruppen frei um den Altar herum versammeln, wie es sich gerade ergebe. Ich fand das ziemlich gewagt, ganz abgesehen davon, dass damals die Teilnahme von Kindern beim Abendmahl vor dem Zeitpunkt ihrer Konfirmation nicht vorgesehen war. Hertzsch kümmerte das wenig, und zwar nicht aus mangelhaftem, sondern aus geschärftem theologischem Bewusstsein. Wo Christus zum Mahl der Gemeinschaft ruft, kann keinem der Zutritt verweigert werden, weder aus Gründen des Alters noch aus Gründen der gesundheitlichen Verfassung.

Gebrocktes Brot, nicht sterile Oblaten wurden ausgeteilt, anschließend der Wein. Ich war gespannt, wie das vor sich gehen sollte. Hertzsch holte einen geflochtenen Korb herbei, der angefüllt war mit kleinen Traubensträußchen. Von denen bekam jedes Kind und jeder Behinderte eines in die Hand gelegt, und sie zupften emsig die Beeren von den Stielen und steckten sie in den Mund. Erst danach wurde der Gemeinschaftskelch für die Erwachsenen herumgereicht, unter schweigender Akzeptanz der Kinder.

Das geschah Ende der siebziger Jahre, immer noch mitten im Lebensraum des sozialistischen Staatswesens DDR. Und es war möglich, weil es von kreativen und unerschrockenen Menschen möglich gemacht wurde.

Auftakt in Tübingen

Tübingen war und ist ein Mekka für evangelische Theologen, und viele haben ihr Studium so eingerichtet, dass sie wenigstens ein Semester am Neckar verbringen konnten. An Ort und Stelle zog es sie dann nicht unbedingt zuerst in die Hörsäle und Seminarräume der Gelehrsamkeit, sondern hinunter zum Fluss oder hinauf zum Schloss oder hinüber nach Bebenhausen oder nach Westen hinaus zur Wurmlinger Kapelle. Man ging nach Tübingen, um zu studieren, und blieb in Tübingen, um sich des Lebens zu erfreuen.

Mein Studium hatte mich nicht nach Tübingen geführt, wohl aber nach Heidelberg, das mit ähnlichen Attraktionen der Wissenschaft und der Lebensqualität aufwarten konnte.

Nach Tübingen versetzte mich die akademische Berufung meines späteren Doktorvaters, der zuvor in Bonn gelehrt hatte. Dort war mir die Ehre zuteil geworden, nach Abschluss des Examens sein wissenschaftlicher Assistent zu werden, und nun fragte er mich, ob ich Lust hätte, mit ihm nach Tübingen überzusiedeln. Ich hatte Lust und reiste ihm im Sommer 1966 voraus.

Tübingen empfing mich mit großer Herzlichkeit, und ich hatte genügend Zeit, mich eingehend umzusehen. Erstmalig stand ich vor dem Turm am Wasser, der so viele Jahre den kranken Hölderlin beherbergt hatte. Ich wusste damals nicht viel von diesem großartigen Dichter und von der Tragik seines Lebens, ein paar Gedichte wie die „Parzen“ waren mir bekannt oder Auszüge aus dem „Hyperion“. Ein

näherer Zugang zu seinem Werk blieb mir einstweilen jedoch verschlossen, weil es mir dunkel und rätselhaft erschien. Nicht von ferne ahnte ich damals, dass Hölderlin mit seinem poetischen Werk später zu einem meiner bevorzugten Forschungsgebiete werden sollte.

Gleich vor dem Hölderlinturm dümpelten Stocherkähne auf dem Wasser. Lang gezogene Boote, die zum Vergnügungsinventar ortsansässiger Studentenverbindungen gehören. Sie werden von einem schwäbischen Gondoliere mit einer langen Stange vom Heck aus gesteuert und sind mit Brettern ausgestattet, die man am Bootsrand in Schlitze steckt, so dass man, mit dem Rücken auf ihnen ruhend, gelassen über dem Wasser schwebt. Ich sah Stocherkähne in gemächlicher Fahrt den Neckar auf und ab treiben, immer voll besetzt mit fröhlichem Studentenvolk, das zum Anreiz der Stimmung Bierkästen auf dem Bootsboden bereitgestellt hatte.

Ich stieg die Altstadt hinauf und traf auf eine Buchhandlung nahe der Stiftskirche. Bei „Gastl" gab es Theologisches und Literarisches und Politisches in üppiger Auswahl, aber das gab es anderswo in ähnlicher Form. Gastls Alleinstellungsmerkmal war die malerische Unaufgeräumtheit des Ladens. Überall stapelten sich Bücher zu verwegenen Türmen, die immer einsturzgefährdet wirkten, und für Leseratten standen im Obergeschoss tiefe Sessel bereit, in denen man, mit interessanten Titeln im Schoß, versinken konnte, ohne von irgendjemandem aufgestört zu werden. Vom ersten Augenblick an war ich verliebt in diesen pittoresken Büchermarkt und zweifelte nicht daran, ihn wieder und immer wieder aufzusuchen.

An der Stiftskirche vorbei schlenderte ich zum Markt mit der prächtigen Rathausfassade und von dort zum Stift, das in Theologenkreisen einen legendären Ruf genießt. Im Stift studierten Stipendiaten des württembergischen Hofes, später des Landes, die ursprünglich alle fürs Pfarramt vorgesehen waren, aber längst nicht alle den Weg dorthin einhielten. Besonders berühmt war das Dreigestirn von Hegel, Hölderlin und Schelling, die sogar eine gemeinsame Stube bewohnten, fürs erste auch gemeinsame philosophische Sache machten, bevor sie sich räumlich und geistig ziemlich weit voneinander entfernten.

Ich betrat den Innenhof, aus dem man das Gebäude erreicht und hinauf zu den mehrstöckigen Emporen schaut, und bemerkte alte, klobige Schreibtische, die anscheinend aus den Studierstuben ausgemustert und an dieser Stelle zwischengelagert wurden, bevor sie auf irgendeinem Müllplatz enden sollten. Die Tische waren von einfacher Machart, nicht schön, aber praktisch, wie es schien, und ein Schreibtisch fehlte mir in meinem angemieteten Zimmer. Also begab ich mich auf die Suche nach einer zuständigen Stiftsinstanz und landete beim Pedell, der auf meine Anfrage freundlich, aber auch zurückhaltend reagierte.

„Wissen Sie", sagte er, „die Tische wurden aussortiert, dürfen aber trotzdem nicht verkauft oder verschenkt werden, weil sie Staatseigentum sind."

Ich dachte ein wenig über die verzwickte Sachlage nach und kam zu dem Ergebnis, dass hier ein konkretes Beispiel für jene gewitzte schwäbische Denkart vorliegen müsse, die mit der Bezeichnung „Dialektik" in die Philosophiegeschichte eingegangen ist. Im gegebenen Fall bestand die These darin, dass die Schreibtische ausgemustert werden sollten. Die Antithese darin, dass sie aus schwer durchschaubaren historischen Gründen nicht verkauft oder verschenkt werden durften. Blieb die Frage nach einer möglichen Synthese, und es war keineswegs überraschend für mich, dass mir eine solche alsbald vom Stiftspedell selber angeboten wurde: „Also, verkaufen kann ich Ihnen so ein Ding nicht und schenken darf ich's Ihnen auch nicht, aber leihen könnten Sie es, egal ob Sie's zu Ihren Lebzeiten jemals zurückgeben oder nicht. Wir setzen ein kleines Schriftstück auf, das ist der Leihvertrag zwischen dem Stift und Ihnen, dann können Sie den Tisch abtransportieren, und wir haben beide was davon. Ich bin das lästige Möbel los und Sie ergänzen Ihren Hausstand."

Ich war sofort einverstanden und freute mich am Nutzeffekt einer geistreichen Dialektik, die an dieser schwäbischen Denkschule ausgebrütet worden war. Den Schreibtisch habe ich lange gebraucht und in Ehren gehalten, bis der Leihvertrag vergilbt war und kein Mensch mehr eine Erinnerung daran hatte, dass an diesem Tisch vielleicht schon der kluge Hegel seine frühen Gedanken zu Papier brachte.

Zum Abend verschlug es mich ins Gôgenviertel, dessen malerische Wirtschäftle von Einheimischen wie von Studenten gern aufgesucht wurden. Gôgen sind Tübinger Weingärtner, deren angeblich grobianisches Naturell eine wahre Flut von Witzen hervorgebracht hat. Sie bewirtschafteten früher die Anbauflächen oberhalb des Ortes, die zum größten Teil längst ein Fraß der expandierenden Universitätsstadt geworden sind. Gôgen sind seitdem nur noch vereinzelt anzutreffen und überleben in der Hauptsache in skurrilen Geschichten, die man erzählt.

Neugierig betrat ich eine einladend wirkende Gôgenwirtschaft und geriet in einen verrauchten Raum mit holzverkleideten Wänden und niedriger Decke. Alle Tische waren voll besetzt, und Gespräche wurden lautstark geführt. Ich entdeckte einen runden Tisch nahe der Theke, an dem ein Stuhl frei zu sein schien. Mitten auf der Tischplatte thronte ein schwarzes Schild mit der Aufschrift „Stammtisch". Dass es sich dabei um heiliges Land handeln würde, das jeder Fremde scheu zu umgehen hatte, war mir nicht bewusst, und so erkundigte ich mich bei der Zecherrunde, ob ich den freien Platz einnehmen dürfe. Das war nun allerdings eine Art Sakrileg, und ich merkte es an den Mienen, die mich mit aufrichtigem Erstaunen musterten. Als man sich von der dreisten Zumutung erholt hatte, meinte einer, ich sei wohl neu in der Stadt und im Ländle, und als ich bejahte, ließ man Gnade vor Recht ergehen und lud mich zum Sitzen ein.

Da saß ich nun, hörte den fleißigen Reden der Nachbarn zu und verstand kaum ein Wort. Auf einem Zettel, der vor meinen Augen auf dem Tisch lag, wurde als Spezialität des Hauses „Neuer Wein mit Zwiebelkuchen" empfohlen. Ich wandte mich an den nächsten Nachbarn und fragte ihn vorsichtshalber, ob das Angepriesene wohl schmackhaft und bekömmlich sei. Er drehte sich zu mir um, sah mich prüfend an und erklärte: „Also scho, der Zwiebelkuche isch e feine Sach und der neue Woi grad so. Bloß, passet Se uff, junger Mann, dass Se vom neue Woi net ze viel schlotze, sonscht – des versprech ich Ihne – haut der Ihne durch de Kutteln wie'n Raket." –

Ich begriff nicht ganz, aber immerhin so viel, dass von dem angezeigten Getränk eine extrem durchschlagende Wirkung zu erwarten sei. Und als ich dann noch in der Speisekarte blätterte und an hervorgehobener Stelle „Saure Kutteln" aufgeführt fand, blieben meine Blicke am Teller meines Gegenübers haften, in dem wurmartiges Gekröse in einer braunen Soße schwamm. Ich sah fasziniert zu, wie der Mann mit großem Behagen seinen Suppenteller auslöffelte und konnte meinem Wortschatz mit den Kutteln eine neue und hierzulande unverzichtbare Vokabel hinzufügen.

Schnell berufen, schneller abgesetzt

Unter mir brodelte der Saal. Ein paar hundert junger Leute riefen durcheinander und gegeneinander, streckten Arme in die Luft und gestikulierten wild. Ich stand am Pult auf der Bühne, allein mit dem Mikrofon bewehrt gegen den versammelten lauten Aufruhr.

Eine der Szenen aus dem unruhigen Jahr 1968, die den Puls höher schlagen und sich nie wieder aus dem Archiv der Erinnerungen tilgen ließen.

Ich war damals Assistent an der Tübinger Fakultät und weder zum Helden geboren noch zum Volkstribun gereift. Ich brütete über den Problemen meiner Doktorarbeit, hielt Proseminare, korrigierte studentische Hausarbeiten, begleitete meinen Professor und kochte mir als Single den Frühstückstee zum Marmeladenbrot. Mir hätte das gereicht, um zufrieden zu sein, aber die Zeichen – nicht nur an der Tübinger Fakultät – standen auf Sturm. Amerikas Vietnamkrieg, der unsägliche Besuch des Schahs, dessen Leibgarde in Berlin auf demonstrierende Studenten einprügelte, der Tod Benno Ohnesorgs, das Attentat auf Rudi Dutschke befeuerten eine rebellische Stimmung, die auch vorher schon zu glühen angefangen hatte. Die Jungen hatten sich erhoben, es den Alten zu zeigen. Die Autoritäten, denen man angeblich Gehorsam schuldete, hatten ihre Kraft und vor allem ihre Glaubwürdigkeit eingebüßt. Sie waren vielfach Nutznießer des Hitler-Regimes gewesen und hatten anscheinend ihre braunen Kittel nie ausgezogen. Derart Gezeichnete saßen auf einflussreichen Stühlen und sogar im Bonner Kabinett, und die Väter und Großväter der Jugendlichen schienen es gut zu heißen. Nun wollten die Jungen endlich heraus aus dem Sumpf und aufs trockene, ehrliche Land der Freiheit. Macht kaputt, was euch kaputt macht, hieß eine der Parolen, die umliefen, und das betraf nicht nur ungeliebte Personen mit ihrem politischen Spektrum, sondern die Gesamtverfassung des gesellschaftlichen Lebens. Auch die Strukturen der Universität.

Ich erlebte Demonstrationszüge durch die Tübinger Innenstadt, Besetzungen von Seminaren, Boykotte von Vorlesungen. Worum es dabei ging, war nicht immer eindeutig, aber laut ging's immer zu, mit viel Geschrei und Megaphon und Mikrofon und mit einer erstaunlich massenwirksamen Rhetorik. Die Studentenführer gaben sich vorwiegend marxistisch, wenn nicht maoistisch, und die „rote Bibel" des großen Mao war auf einmal die neue Heilige Schrift. Ich wurde in endlose Diskussionen mit aufgebrachten Studenten verwickelt und beteiligte mich an Programmentwürfen für eine Neuordnung des theologischen Studiums, die mehr auf Soziologie als auf Exegese und alte Sprachen setzte. Wohl war mir nicht dabei, aber ich hoffte, zur Mäßigung der Gemüter beitragen zu können.

Richtig wohl dagegen wurde mir's an anderer Stelle. Ich hatte beim Sommerfest der Evangelischen Studentengemeinde meine Barbara gesehen und stand ziemlich rasch in Flammen. Leider war das anfangs nur bei mir der Fall und nicht ebenso bei ihr. Die Sache verlangte erhebliche Anstrengungen meinerseits. Dazu Findigkeit, um der jungen Frau auf die Spur zu kommen, und Beharrlichkeit, um bei gewissen Rückschlägen nicht enttäuscht aufzugeben. Die Mittel, die ich wählte, ans Ziel zu kommen, waren moralisch nicht immer einwandfrei. So fand ich Zugang zu einem biederen, nur ein wenig versoffenen Medizinstudenten, der eine Bude neben meiner Erwählten bewohnte. Mit ihm Kontakt aufzunehmen, bedeutete eine Annäherung ans Gewünschte. Ich kam ihr tatsächlich näher, räumlich zumindest. Daraus ergaben sich Begegnungen der flüchtigen Art und schließlich die vorentscheidende Gelegenheit. Barbara wollte umziehen, von einer Studentenbleibe in eine andere, und ich

war der motorisierte Ritter, der dafür seine Hilfe anbot. Wir packten meinen VW-Käfer voll bis unters Dach und waren zusammen. Wir packten den Wagen aus, schleppten ihre Habseligkeiten ins neue Quartier und waren weiter zusammen. Ein paar Tage später konnte ich sie zu einem Ausflug in die spätsommerliche Umgebung überreden. Wir fuhren Richtung Reutlingen und ließen uns im Vorort Betzingen auf einen kleinen Jahrmarkt mit Wurstständen und Kettenkarussell locken. Ich wusste von früheren Besuchen der großen Düsseldorfer Kirmes auf den Oberkasseler Rheinwiesen, dass Kettenkarussell Gift für mich war. Mir wurde bei der rasenden Umdrehung regelmäßig schlecht. Grund genug, diese Folterstätte zu meiden. Doch Barbara strahlte und wollte unbedingt im Kreis herumfliegen. Mir wurde bewusst, dass ehrgeizig anvisierte Ziele mitunter auch herbe Opfer verlangen. Also brachte ich mein Opfer auf dem Altar des Eros dar, ließ mich durch die Luft schwingen, bis mir Hören und Sehen vergehen wollten und ich bloß noch damit beschäftigt war zurückzuhalten, was eruptiv aus mir herausschießen wollte. Es gelang mir mit Mühe. Aber Barbara war nicht entgangen, dass ich kreidebleich und auf unsicheren Füßen das Karussell verließ und fürs erste sehr in mich gekehrt wirkte. Auf weitere Sicht freilich brachte mich dieses kleine Martyrium ein gutes Stück voran auf meinem steinigen Weg der Annäherung.

Eine andere Geschichte nahm dagegen etwa gleichzeitig einen weit weniger günstigen Verlauf: Eine Studentenvertretung hatte zum großen Palaver geladen, bei dem es um das künftige Gesicht der Fakultät und um Novellen des Studiums gehen sollte. Und alle gaben sich ein Stelldichein, der Lehrkörper und die geballte Studentenschaft. Die Professoren saßen vorn, so viel Ehre musste sein. Vielleicht diente die Platzierung aber auch dazu, sie als Zielscheibe direkt im Visier zu haben. Ich drückte mich in eine der hinteren Bänke im Hörsaal. Der Lärm war beträchtlich, die allgemeine Verwirrung darüber, was nun eigentlich passieren sollte, nicht minder. Endlich trat ein Studentenvertreter ans Pult und griff nach dem Mikrofon. Er verschaffte sich Gehör, ohne Ruhe herstellen zu können, und sagte: „Unsere Plenarsitzung ist eröffnet. Es geht um Zustände und Veränderungen an der Fakultät. Wir führen eine offene Diskussion. Dazu brauchen wir einen Diskussionsleiter. Ich schlage vor: Assistent Strunk."

Im ersten Augenblick glaubte ich, mich verhört zu haben. Dann rauschten Beifallsbekundungen über mich hin, und als ich nicht reagierte, klopfte man mir auf die Schulter und brachte mich auf die Schiene. Ich musste im Saal von hinten nach vorn, einen langen Gang zwischen stehenden Studenten hindurch, die keinen Sitzplatz gefunden hatten. Es wurde ein Laufsteg, den ich mir nicht ausgesucht hatte. Ich war keines klaren Gedankens fähig, fühlte mich wie vom Blitz getroffen und zu einem Häuflein Asche verbrannt und sollte in dieser Verfassung eine Sturmflut glätten. Irgendwie erreichte ich das Pult. Ich hatte keinen Schimmer, was ich jetzt machen und wie und wohin überhaupt ich die Versammlung steuern sollte. Vor meinen Augen wuchs ein Wald empor. Hoch gereckte Arme, mal einer, das bedeutete: Wortmeldung; mal zwei, das bedeutete: Antrag zur Geschäftsordnung. Ich wusste, dass zwei gereckte Arme immer Vorrang hatten. Formales triumphierte über Inhalte. Ich wusste aber nicht, um welche Formalitäten es sich handeln könnte und was für Inhalte zur Debatte standen. Ich fühlte mich leer und schämte mich, weil die Blamage unvermeidlich wurde. Ich saß auf einem unlenkbaren Schlitten und sauste einen Steilhang hinab in schwarze Abgründe.

Nach einer Weile rief ich einen Studenten mit seinem Geschäftsordnungsantrag auf. Irgendeinen, rein zufällig. Aber schon als dieser zu reden anfing, fielen ihm andere ins Wort, reklamierten eine Richtigstellung in der Reihenfolge der Wortmeldungen und wussten genau, dass keine exakte Reihenfolge zu erkennen war. Ich versuchte es neu. Laute Empörung bei denen, die sich zurückgesetzt fühlten. Ich versuchte es mit beschwichtigenden Worten, mit bescheidenen Appellen an Fairness und Vernunft. Aber wo Fairness für ein bürgerliches Instrument der Repression gehalten wurde und Vernunft für etwas Utopisches, das sich erst noch herausschälen musste aus den Krusten allgemeiner Verdummung, stießen solche Appelle ins Leere. Ich stand da wie ein Greenhorn am Marterpfahl und fragte mich, warum ich dort stand und wie lange das Elend sich hinziehen mochte. Dann hörte ich, wie jemand meine Ablösung am Pult verlangte. Es war die ausgerufene Niederlage und eine Befreiung zugleich. Was ich nicht gewollt und wozu ich mich nicht gemeldet hatte, war mir auch nicht geglückt. Am liebsten hätte ich das Lokal fluchtartig verlassen, aber das durfte nun auch nicht sein. Ich sah stur auf meine Füße und trottete an meinen Sitzplatz zurück. Dort nahm ich ohne Anteilnahme zur Kenntnis, wie sie den nächsten Assistenten ins Feuer schickten. Und noch einen dritten. Es ging ihnen kaum anders als mir.

Erlebnisse, die an die Nieren gehen, soll man verarbeiten, heißt es. Den ungewollten Kampf mit dem Chaos im Hörsaal habe ich lange nicht verarbeitet. Er hat mich in Träumen verfolgt und über viele Jahre hin meine Bereitschaft zur Leitung großer Versammlungen zunichte gemacht.

Wie mir die schwäbische „Stond“ geschlagen hat

Mit dem Abschluss meiner Dissertation hatte ich vom akademischen Betrieb erst einmal genug. Von den Theorien zog es mich mächtig zur Praxis. Ich wollte Kirche nicht länger bloß bedenken, ich wollte sie erleben. Ich wollte eintauchen ins volle Menschenleben und darin schwimmen lernen.

Man bot mir eine Vikarsstelle in D. nahe Tübingen an.

Im Dorf ging es uns blendend. Barbara und ich erhielten eine kleine Vikarswohnung in der Ortsmitte, umgeben von Bauernhäusern, Viehställen und dampfenden Misthaufen. Kaum eine Woche, nachdem wir eingezogen waren, wurde ich zum bevorzugten Objekt nachbarlicher Fürsorge. Die eine Bauersfrau erschien mit einer Kanne frischer Milch und erklärte der verdutzten Barbara, sie solle dem Herrn Vikar mal eine ordentliche Suppe kochen, der sehe immer so blass aus. Eine andere Bauersfrau lieferte Kuchen, eine dritte Würste aus eigener Schlachtung. Wenn das so weitergehe, überlegten wir, sei die Anschaffung einer Tiefkühltruhe vor allen anderen Dingen erwägenswert.

Meine Predigten hielt ich in einer stets voll besetzten Kirche. Und schon flüsterte mir eine hinterhältige Schlange ins Ohr, dies sei meinem beachtlichen Predigttalent zu verdanken. Es dauerte ein paar Wochen, bis mir bewusst wurde, dass der Gottesdienstbesuch sehr wenig mit der Predigt und ihrer Qualität, dagegen sehr viel mit ländlicher Gewohnheit zu tun hatte. Man musste sich auf der Kanzel schon Fürchterliches leisten, um eine erkennbare Abnahme der Besucherzahlen bewirken zu können.

Dass es mehrere pietistische Gemeinschaften im Ort gebe, hatte mir der vorgesetzte Pfarrer gleich zu meinem Dienstantritt mitgeteilt. Er lebte mit ihnen in einer Art von einvernehmlichem Waffenstillstand. Solange er ihnen nicht auf die Füße trat, ließen sie ihn gewähren. Und solange sie seine Gottesdienste nicht boykottierten, hielt er sich zurück.

Nach einer meiner ersten Predigten trat ein älterer, weißhaariger Mann auf mich zu und lud mich ein zu ihrer „Stond" am frühen Nachmittag um zwei. Es sei nicht weit, gleich in der nächsten Gasse das erste Bauernhaus. Man gehe über den Hof, bis linker Hand eine Außentreppe zum Hintereingang des Hauses führe. Dort befinde sich ihr Gemeinschaftssaal. Es sei ihnen eine Ehre und eine noch größere Freude, wenn der Herr Vikar sich pünktlich bei ihnen einfinden wolle.

Ich sagte zu und wusste nicht, was ich tat.

Bei meinem Vikarsvater erkundigte ich mich, mit welcher Variante des schwäbischen Pietismus ich es im betreffenden Bauernhaus zu tun bekomme. Das seien Pregizer, meinte er.

Von Pregizern hatte ich noch nie gehört. Ich blätterte also im Lexikon nach und erhielt dürftige Auskünfte: die Bezeichnung dieser Gemeinschaft gehe auf einen Schwarzwälder Pfarrer mit Namen Christian Gottlob Pregizer zurück. Eine echte Organisation mit juristischen Statuten hätten sie nie entwickelt und auch nie angestrebt. Stattdessen träfen sie sich in Gruppen und pflegten ihr Bibelstudium in Anlehnung an die Pietistenväter Bengel und Oetinger. Anders als die Mitglieder der Hahn'schen Gemeinschaft legten sie einen besonderen Akzent auf die Freude am Evangelium.

Das gefiel mir nicht übel. Freude am Evangelium war mir ebenfalls wichtig und aller deprimierenden Sündenerforschung und Bußgesinnung vorzuziehen. Ich aß gut zu Mittag und machte mich kurz vor zwei Uhr auf den Weg. Zu einer sonntäglichen Zeit, so erinnerte ich mich, an der ich früher in schöner Regelmäßigkeit mit meinen Brüdern die Fußballstadien der Oberliga West heimgesucht hatte.

Im Gemeinschaftssaal der Pregizer waren Stuhlreihen aufgestellt, auf denen ausschließlich Frauen Platz genommen hatten, dunkel gekleidet und mehrheitlich mit Hauben auf dem Kopf. Sie lächelten mich freundlich an, als ich eintrat und unter ihnen nach einem freien Sitzplatz Ausschau hielt. Doch schon war der Weißhaarige herbeigeeilt, dem ich die Einladung zu verdanken hatte, fasste mich um die Schulter und erklärte, mein Platz sei selbstverständlich vorn am Brüdertisch. Den nahm ich überhaupt erst in diesem Augenblick wahr. Eine Tischreihe in Front des weiblichen Publikums, und hinter den Tischen saßen alte Männer mit gegerbten Gesichtern, die mich neugierig musterten. Sie machten jedoch gar keinen abweisenden, vielmehr einen durchaus wohlwollenden Eindruck und hielten ihre schwieligen Hände über der Bibel gefaltet, die vor ihnen auf dem Tisch lag. Der mittlere Platz in dieser bäuerlichen Patriarchenversammlung war dem jungen Vikar vorbehalten, der sich ein bisschen wie im Film fühlte und vorsichtig hinsetzte.

Natürlich hatte ich nicht daran gedacht, zu dieser Einladung meine eigene Bibel mitzubringen, und ich bekam eine zugeteilt, ein steinaltes Exemplar mit originalem Luthertext, über den noch keine sprachliche Revision glättend hinweggegangen war. Man intonierte und sang einen Choral, sprach ein Gebet, und dann sagte der Vorsitzende neben mir: „So, wir begrüßen heute den neuen Vikar, der unserer Einladung gefolgt ist. Bei der Bibelauslegung befinden wir uns gerade im Römerbrief, dort im 10. Kapitel. Bitte, Herr Vikar, geben Sie uns doch die Auslegung der Worte des Apostels ab Vers 14. Sie haben ungefähr eine Stunde Zeit."

Ich war wie vom Donner gerührt. Mit diversen Überraschungen hatte ich durchaus gerechnet, aber nicht mit dieser: eine volle Stunde lang Paulus-Exegese zu betreiben, und dies aus dem Stehgreif und zu einem vorgeschriebenen Text. Ich schluckte. Blätterte umständlich in der alten Bibel, um Zeit zu gewinnen. Aber Zeit gewinnen – wozu? Mir schossen Erinnerungssplitter an biblische Kommentare zum Römerbrief durch den Kopf, den von Ernst Käsemann und den von Otto Michel, auch an Vorlesungen zur paulinischen Theologie, die ich gehört hatte, Günter Bornkamm zum Beispiel in

Heidelberg, aber das war lange her und in meinem Gedächtnis so gut wie gelöscht. Was sollte ich machen? Was für die andächtigen Ohren der Pregizer aufbereiten? Ich hatte keine Übung im Extemporieren, weil ich es gewohnt war, sorgfältig vorzubereiten und tunlichst aufzuschreiben, was ich meinen Hörern anbieten wollte. Hier aber sollte plötzlich aus den spirituellen Brunnen biblischer Weisheit geschöpft werden. Mir tanzten die Buchstaben des Römer-Kapitels vor den Augen, und die Worte, die ich eher geistesabwesend hintereinander las, kamen mir unverbraucht und neu vor, als hätte ich sie bis dahin nie zu Gesicht bekommen.

Erstaunlicherweise habe ich's trotzdem geschafft, die verordnete Stunde ziemlich unausgesetzt redend herumzubringen. Doch es muss traurig bis entsetzlich gewesen sein, was ich da von mir gab. Ein Sammelsurium aus Gelerntem und lückenhaft Erinnertem, Brocken paulinischer Theologie, Exkurse in historische Zusammenhänge zwischen Apostolat und Heidenmission, Problematisierungen der bleibenden Israelverbundenheit des Paulus und dergleichen mehr. Es war, als schüttete ich allerlei Anstudiertes und weit Entlegenes meinem liebenswerten Publikum vor die Füße, lauter dürres Zeug, das weder in kleinen Mengen noch als Gesamtlieferung genießbar sein konnte. Die schwarzen Frauen saßen still vor mir und lauschten fromm. Doch für ihre Frömmigkeit hatte ich kaum etwas zu bieten. Sie erhofften sich Brot und ich bot ihnen Steine. Ich hatte auf einmal das peinliche Gefühl, nie zuvor so eindeutig der falsche Mensch am falschen Ort gewesen zu sein.

Die Männer am Brüdertisch schwiegen, und es lag eine tiefe, natürliche Vornehmheit in ihrem Schweigen. Kein Wort der Kritik, keine Andeutung von Tadel oder von Enttäuschung erreichte mich nachher. Man sagte Dank und entließ mich im Frieden. Und ich stolperte wie einer, der gar nicht richtig präsent ist in seinem Körper, die Stufen der Hintertreppe hinab und verkroch mich, ich weiß nicht, wo.

Die Pregizer besuchten weiter treu und unverdrossen meine Gottesdienste. Aber eine zweite Einladung, ihnen in ihrer sonntäglichen Gemeinschaftsstunde die Heilige Schrift auszulegen, erhielt ich nicht.

Von Kassiopeia zu Stalin

Kinder mögen Tiere, und irgendwann taucht in jeder Familie die spannende Frage auf: Legen wir uns ein Haustier zu, und wenn ja, welches?

Barbara und ich schürten diesen Wunsch der Töchter nicht, wir suchten ihn zu dämpfen, so gut und so lange es ging. Wir waren kirchliche Fahrensleute und wechselten oft unsere Standorte. War das bekömmlich für Tiere?

Ein Pferd schied aus, weil es zu groß war und weder ins Kinderzimmer noch in die Tiefgarage passte. Außerdem konnten wir uns so etwas nicht leisten. Gegen Hunde und ihre Ausdünstungen war Barbara von Kindesbeinen an allergisch. Ein Hund im Haus hätte ihr permanente Atembeschwerden beschert. Also eine Katze? Katzen waren prinzipiell denkbar, legten einem wahrscheinlich jedoch aus lauter freundschaftlicher Verbundenheit morgens und abends erbeutete Mäuse vor die Füße.

Blieb etwas Kleines, Putziges, das pflegeleicht und relativ anspruchslos war: eine Schildkröte. Wir erwarben eine, die uns sanft und zurückhaltend vorkam und die ein junges Weibchen aus Griechenland sein sollte. Eine Hellenin! Wir dachten an Kassiopeia in Michael Endes „Momo“ und waren begeistert. Mythische Weisheit, versammelt unter einen Schildkrötenpanzer in unserer Wohnung.

Das Tier hatte lauter Vorzüge. Es war schweigsam, lief nicht davon, machte keinen Schmutz und zeigte sich recht genügsam in jeder Hinsicht. An ihrer außergewöhnlichen Weisheit begannen wir jedoch bald zu zweifeln, weil sie sich als reichlich ungeschickt und absolut lernunwillig erwies. Jede Schwelle, die sie zu übersteigen versuchte, wurde ihr zur verhängnisvollen Falle, weil sie regelmäßig tollpatschig abstürzte und dabei unglücklich auf dem Rücken landete. Dann strampelte sie wild mit ihren Stummelbeinen und kam nicht wieder auf die Füße. Ohne unsere Hilfe wäre sie tausendmal zum Opfer ihrer eigenen Dummheit geworden.

Die Kinder liebten sie trotzdem. Nahmen sie mit nach draußen, ließen sie durchs hohe Gras der Wiesen robben und von Blüten der Gänseblümchen naschen. Doch wie immer sie sich dem kleinen Tier auch zuwandten, es streichelten und beschmusten und mit immer neuen Ideen für seine Unterhaltung sorgten: Ihre Liebe fand keine erkennbare Resonanz. Die beiden waren und blieben der Schildkröte anscheinend herzlich egal.

Einseitige Liebe trocknet mit der Zeit aber zwangsläufig aus. Die Kinder wurden älter und verlegten ihre Interessen schwerpunktmäßig auf andere Gebiete. Die Schildkröte zuckelte weiter durch ihre Zimmer, erregte aber nur noch sehr mäßige Aufmerksamkeit. Ihre Pflege ging unmerklich, aber kontinuierlich von den Kindern auf die Mutter über. Und dann verschwanden die Töchter auf einmal zum Studium in entfernte Städte, wobei sie die griechische Schildkröte, ob nun voll Weisheit oder als Muster kreatürlicher Ignoranz, einfach nicht brauchen konnten. Das Tier blieb demnach den Eltern erhalten, die überhaupt kein Tier im Haus haben wollten. Jetzt wurde es endgültig überflüssig und lästig.

Als wieder einmal ein Umzug bevorstand, überlegten wir, was mit der Schildkröte passieren sollte. Da erschien eine günstige Lösung am Horizont, in Gestalt eines Gemeindeglieds, das uns von seiner privaten Schildkrötenzucht erzählte. Wir erkannten sofort die Gelegenheit, das kleine Tier auf eine anständige, moralisch vertretbare Weise los zu werden. Und mehr als das: Wir würden ihm Gutes tun, weil es jetzt seine einsame Existenz hinter sich lassen und Mitglied in einer großen Schildkrötenkolonie werden konnte. Zu erwarten war, dass es dort heimisch werden und ganz neu aufblühen werde. Und aufgeblüht ist unsere Schildkröte tatsächlich. Allerdings anders als gedacht.

Wir waren längst an den nächsten Ort meiner beruflichen Tätigkeit verzogen, als wir zufällig noch einmal dem Herrn der Schildkröten begegneten. Wie es unserem Mädchen denn so gehe in seinem Stall, erkundigten wir uns.

„Mädchen ist gut", erwiderte er, „das ist gar kein Mädchen, sondern ein Kerl, und was für einer, sage ich Ihnen. Der ist aggressiv wie ein Stier, der überall rot sieht. Er knufft und beißt, was ihm über den Weg läuft und gebärdet sich absolut ungesellig. Tatsächlich war er in der Kolonie auf dem besten Weg, ein Terrorregime zu errichten. Mir blieb gar nichts anderes übrig, als ihn von den übrigen Tieren zu isolieren und ihn zur Aufrechterhaltung von Ordnung und Frieden wegzusperren. So einen Wüterich habe ich noch nie gehabt. Erstaunlich, dass er ausgerechnet in einer Pfarrersfamilie sozialisiert worden ist."

Wir wunderten uns, bedauerten die kriminelle Entwicklung unseres für harmlos gehaltenen Haustieres und waren froh, für die Auswüchse seiner charakterlichen Mängel aktuell nicht mehr zuständig zu sein.

„Da es ein Russe ist und keineswegs ein Grieche", fuhr der Schildkrötenpfleger fort, „hatte ich ihn Gorbi getauft. Weil mir Gorbatschows Politik der Öffnung nach innen und nach außen gefällt. Aber dann passte das rüde Gebaren des Tieres nicht mehr zu dem moderaten Russen, und ich musste es umtaufen. Jetzt heißt es Stalin."

Verdächtige Ziegelsteine

Weil das Kaufangebot preisgünstig ausfiel, legte ich mir einen Lada zu, die sowjetische Version eines Fiat-Modells. Der Lada war robust und schwer wie ein Panzerfahrzeug und verzichtete großzügig auf allen technischen Schnickschnack. Zur Ausstattung gehörte stattdessen eine Handkurbel zum Anlassen des Motors in eisigen Gegenden sowie eine riesige Ledertasche, voll mit Werkzeug für eigenhändige Reparaturen in den Weiten der Taiga und vielleicht auch zur Abwehr von Wölfen. Das Auto soff Sprit in rauen Mengen wie ein russischer Kosak seinen Wodka, und es erschien für die Durchquerung ausgedehnter Sümpfe geeigneter als zur Bewältigung glatter Flächen auf Asphalt. Denn der schwere Motor saß vorn unter der Haube, während der Antrieb auf die Hinterräder ging. Was zur Folge hatte, dass der Wagen auf schneebedeckter oder vereister Straße leicht ins Schlingern geriet und auf abschüssiger Strecke praktisch nicht mehr zu dirigieren war.

Ich nahm das alles hin, weil der Kaufpreis verlockend gewesen war. Bis ich mitten im Winter zu einem Besuch in der Thüringer Partnergemeinde eingeladen wurde. Ich rechnete mit widrigen Witterungsverhältnissen und gefährlichen Straßenzuständen und überlegte, wie ich dem Lada zur besseren Bodenhaftung verhelfen könnte. Im Grunde war die Sache einfach. Das leichte Heck des Wagens bedurfte einer Last, die verhinderte, dass die Antriebsräder durchdrehten oder seitlich ausscherten. Der Kofferraum musste also mit schwerer Ladung bestückt werden.

Dafür empfahlen sich Ziegelsteine, die Barbara während ihrer Studentenzeit mit bunter Folie beklebt und für ein provisorisches Bücherregal verwendet hatte. Da wir uns inzwischen Regale aus Holz leisten konnten, lagerten die Ziegelsteine ungenutzt im Keller. Ich schleppte sie ans Licht, belegte mit ihnen den Boden des Lada-Kofferraums und breitete eine Plastikplane darüber. Dann konnte es losgehen, mit ein wenig Gepäck und mit einem Bücherkarton.

Dass ich am Grenzübergang angehalten und eingehend befragt wurde, war keine Überraschung. Der Volkspolizist schaute in den Kofferraum, ließ mich den verdächtigen Karton öffnen und nahm ein paar Bücher heraus, die er mit einem Ausdruck unverhohlenen Ekels betrachtete.

„Das ist religiöses Schrifttum, nicht wahr?", fragte er lauernd.

Ich bestätigte es.

„Das dürfen Sie nicht in die DDR einführen", entschied er.

Ich machte ein erstauntes Gesicht und erwiderte: „Schauen Sie, mir selber wird anscheinend die Einreise bewilligt. Warum dann nicht auch den Büchern, die ich geschrieben habe?"

Der Mann von der Grenze war sichtlich überrascht und im Moment auch ratlos, wie er sich verhalten sollte.

„Das muss ich überprüfen", bemerkte er endlich und zog mit meinen Werken davon. Ich durfte warten. Das Warten war nie meine Stärke, aber die DDR-Grenze erwies sich als ausgezeichnete Gelegenheit, es zu lernen. Als der Volkspolizist, der inzwischen Kaffee getrunken und das „Neue Deutschland" gelesen haben musste, endlich zurückkehrte, drückte er mir die Bücher in die Hand und verlangte mürrisch: „Also fahren Sie schon los!" Weitere Untersuchungen des Kofferraums unterblieben. Man hatte genug von mir und meinem frommen Beiwerk. Mir sollte es recht sein.

Bei der Rückreise führte ich keine Bücher, aber immer noch Ziegelsteine im Kofferraum mit mir und musste erneut an der Grenze Halt machen, mich befragen und durchsuchen lassen. Ich hatte das beste Gewissen, nichts Unerlaubtes bei mir zu tragen oder im Auto versteckt zu haben. Der Kofferraum wurde geöffnet, die Plane beiseitegeschoben, und zum Vorschein kam eine Lage bunt verpackter

rechteckiger Gegenstände unbekannten Inhalts. Der Grenzbeamte sah mich an und fragte, was das sei.

„Ziegelsteine", sagte ich wahrheitsgemäß.

Er runzelte ungläubig die Stirn und erkundigte sich weiter: „Ziegelsteine – wieso denn das?"

„Wegen eines Konstruktionsfehlers meines sowjetischen Autos", sagte ich, „im Winter drehen die Räder hinten gern durch oder keilen aus, wenn die Straßen glatt sind. Man hätte den Antrieb besser nach vorn verlegt, wo der schwere Motor sitzt."

Ich hatte das harmlos gemeint und möglichst sachlich vorgebracht, doch der Grenzer witterte eine Verunglimpfung der befreundeten Sowjetunion und zeigte sich plötzlich von seiner ungnädigen Seite:

„Aufmachen!", herrschte er mich an.

„Was denn aufmachen, bitte?", fragte ich.

„Diese eingepackten Dinger da", raunzte er genervt.

„Darin sind Ziegelsteine, das kann ich Ihnen versichern", betonte ich noch einmal. „Werden wir ja sehen", meinte er.

Ich nahm ein Paket heraus, fingerte unlustig daran herum und gestand: „Tut mir leid, ich krieg das nicht auf, und ein Messer hab ich nicht dabei."

Der Grenzwächter sah mich, inzwischen grienend, von der Seite an, holte ein Messer aus seiner Tasche und sagte: „Ich hab eins." Er zog es jedoch vor, mir das Messer nicht anzuvertrauen, sondern sich selber an die Enthüllungsarbeit zu machen. Er nahm das erste Päckchen, schlitzte die Verpackung auf und hielt den Inhalt in die Höhe.

„Tatsächlich ein Ziegelstein", sagte er.

Und wenn ich nun gemeint haben sollte, dass der Beweis für die Harmlosigkeit meiner Fracht erbracht sei, so hatte ich mich gründlich geirrt. Das Spiel ging weiter. Als ob mir demonstriert werden sollte, dass Kontrollen hier erst abgeschlossen seien, wenn rein gar nichts mehr zu kontrollieren übrig blieb. Ich dachte mir inzwischen, ob der Uniformierte wohl hoffte, unter den Folien eng verschnürte Republik-Flüchtlinge aufzuspüren, und das hätte ich auch gern geäußert, traute mich aber nicht. Schließlich füllte ein ungeordneter Haufen Ziegelsteine zwischen Fetzen farbigen Verpackungsmaterials meinen Kofferraum, während der Volkspolizist seine Suchaktion unverdrossen fortsetzte, unter die Sitze spähte und im Handschuhfach jedes Fitzelchen bedruckten Papiers unter die Lupe nahm, das er auftreiben konnte. Das Gespräch mit mir hatte er vollkommen eingestellt. Als er wirklich keine verborgene Lücke mehr fand, die er nicht untersucht, und keinen Radiergummi, den er nicht um und um gewendet hatte, gab er mir mit einem lässigen Wink zu verstehen, dass ich mit meinem Lada abschieben könne.

Wie lautet der bekannte Spruch, den Genosse Lenin geprägt und geschätzt haben soll: „Vertrauen ist gut, Kontrolle ist besser." An der Kontrolle hat es nirgendwo gefehlt in der alten DDR, weder an den Grenzen noch im Inland. Aber an seiner Kontrollmanie ist dieser Staat auch zugrunde gegangen.

Römische Erleichterung

Jeder Reisende weiß, dass er auf seine Brieftasche achten muss, wenn er in Rom mit öffentlichen Verkehrsmitteln unterwegs ist. Ich wusste es auch. Aber es sollte mir nichts nützen.

Erst 2007, inzwischen im Ruhestand, sollte der lang gehegte und immer wieder verschobene Plan verwirklicht werden, die Ewige Stadt zu erkunden. Goethe war schließlich auch dort. Aber der nahm die Kutsche, Barbara und ich nahmen den Flieger, stiegen in Echterdingen ein und am Aeroporto Fiumicino aus, ziemlich weit außerhalb des Zentrums. Eine Regionalbahn beförderte uns zum Hauptbahnhof Roma Termini, von dort ging es weiter mit dem Taxi zur Pension bei den schwedischen Brigitten-Schwestern in der Via della Isole, wo wir gastfreundlich empfangen wurden und im ummauerten Garten, einer Oase in der turbulenten Stadt, unter Orangenbäumen und anderen mediterranen Gewächsen ausruhten.

Dann der erste Tag in Rom, der zum Desaster wurde.

Wir wollten früh aufbrechen zu den einschlägigen Sehenswürdigkeiten, zum Kolosseum natürlich, zum Forum Romanum mit dem Titusbogen, auf dessen Reliefdarstellung die siegreichen Truppen des Kaisers die heiligen Geräte aus dem Jerusalemer Tempel fortschleppen; zum Pantheon mit seiner imposanten Himmelskuppel ; zu Santa Maria sopra Minerva gleich nebenan mit Berninis Elefanten davor, der einen altägyptischen Obelisk auf seinem Rücken trägt; zur Spanischen Treppe, auf deren Stufen man gehockt haben muss, wenn man überhaupt den Anspruch erheben will, in Rom gewesen zu sein; sowie zur Fontana di Trevi, dem legendären Brunnen, in den Touristen Münzen werfen, um eine spätere Rückkehr nach Rom zu erkaufen, und worin Anita Ekberg und Marcello Mastroianni sich in Fellinis Film ein frivoles nächtliches Bad erlaubten.

Wir waren bestens gelaunt und unternehmungslustig und wählten den Expressbus, um in der Nähe des Kolosseums auszusteigen. Der Bus war berstend voll. Im Gang zwischen den Sitzen und im Stauraum vor den Türen quetschten sich die Passagiere dicht an dicht. Auch die Handgriffe an der Decke waren vergeben. Trotzdem blieb die Stimmung vergnügt. Es wurde gescherzt, gelacht, ein kleiner Italiener, vermutlich Sizilianer, ruhte hart an meiner Brust und strahlte mich aus pfiffigen Augen von unten an. Ich weiß, was sich gehört, und lächelte zurück. Der Bus rumpelte durch die Straßen, mal stiegen wenige aus und zahlreiche ein, und es war mir ein physikalisches Rätsel, wie alle in das Fahrzeug hineinpassten, die es sich vorgenommen hatten.

Endlich waren wir am Ziel. Wir stiegen aus und atmeten durch. Die Anfahrt war geschafft, jetzt konnten wir in Ruhe unsern historischen Streifzug antreten. Tage in Rom standen bevor, Tage der erlesensten kulturellen Genüsse, bei einer Traumreise zurück in die Welt der Antike. Wir waren wild entschlossen, uns nichts Wesentliches entgehen zu lassen.

Vor dem Eingang zum Kolosseum holte uns die Ernüchterung ein, und zwar blitzartig. Ich griff in die Innentasche meines Anoraks, um einen Geldschein für den Eintritt herauszuholen. Aber da war keine Brieftasche. Ich veranstaltete das unsinnige Manöver, das man immer macht, wenn man Wichtiges verloren hat: Ich suchte, mehr und mehr verzweifelt, an allen Ecken und Enden; suchte alle Taschen und Winkel meiner Kleidung ab, auch die von Barbara, und konnte das Vermisste nirgends auftreiben. Die Brieftasche war weg. Barbara erinnerte mich zaghaft an die Grundregel, nach der man in Rom besonders sorgsam auf Geldbörse und sonstige Wertgegenstände aufpassen sollte, die man bei sich trug. Und ich hatte doch aufgepasst. Hatte die Wertsachen in der Innentasche meines Ano-

raks verwahrt und diese obendrein mit Reißverschluss gesichert. Wie konnte einer im Gedränge des Busses da herankommen? Es schien mir vollkommen unmöglich, und es hatte trotzdem einer geschafft. Der kleine Sizilianer trat mir vor Augen, der mich so intensiv und fröhlich angeschaut hatte. Vermutlich war er im selben Moment schon dabei, die Gegend unter meinem Anorak zu befingern, nachdem er dort eine lohnenswerte Beute gewittert hatte. In der Brieftasche befanden sich ein paar Hunderter an Bargeld, unsere Flugkarten, Personalausweis, Führerschein, Scheckkarte und einige weitere Papiere. Alles weg! Auf einmal waren wir ziemlich pleite, der Rückflug war ebenfalls gefährdet, und obendrein musste damit gerechnet werden, dass professionelle Gauner umgehend den Versuch unternahmen, mein Bankkonto zu plündern. Meine Stimmung sank unter den Nullpunkt, und von der Heiligen Stadt, die mich gerade so unheilig bedient hatte, mochte ich im Augenblick gar nichts mehr wissen.

Zum Glück war Barbaras Handy griffbereit, so dass die wichtigsten Vorkehrungen wie Sperrung des Kontos und Gewährleistung des Rückflugs getroffen werden konnten. Palatin und Piazza Navona waren mir plötzlich egal wie ein alter Heuschober im Hohenlohischen. Wir mussten, wenn wenigstens noch eine kleine Aussicht auf Rückgewinnung meiner Papiere bleiben sollte, schleunigst zur Polizei und zur Meldestelle für erlittenen Diebstahl. Vielleicht hatte der Sizilianer ausschließlich am Bargeld Interesse und die Brieftasche mit restlichem Inhalt irgendwo weggeworfen. Das komme gelegentlich vor, meinte der Uniformierte bei der ersten Polizeistelle, die wir ansteuerten. Manche Taschendiebe seien so anständig, erbeutete Brieftaschen nur um die Geldscheine zu erleichtern und den Rest in irgendeinem Postkasten oder Mülleimer zu entsorgen. Da dürfe man durchaus hoffen.

Meine verbliebene Hoffnung war ein winziges Flämmchen kurz vor dem Erlöschen. Wir strebten trotzdem zur polizeilichen Zentrale für die Bearbeitung von Taschendiebstählen, die in einem Seitentrakt des Hauptbahnhofs untergebracht war. Der Eingang war leicht zu finden, denn davor hatte sich eine windungsreiche Schlange von Menschen gebildet, die auf Anhieb einen zweifachen Eindruck vermittelten: Erstens waren es durchweg Touristen wie wir, und zweitens waren sie herzhaft bestohlen worden wie wir. Wir reihten uns ein und fühlten uns unter Schicksalsgenossen. Die Länge der Schlange lieferte einen schlagenden Beweis für die hohen Erfolgsquoten römischer Diebesbanden.

Vor uns wartete ein Mann im Maßanzug und mit hoher Stirn und Gelehrtenbrille. Er stellte sich vor als Professor für Archäologie an der Sorbonne in Paris. Ihm hatte man nicht das Portemonnaie gemaust, sondern schlimmer: seinen Laptop, mit dem er angereist war, um einen wissenschaftlichen Vortrag in einem römischen Institut für Altertumskunde zu halten. Alle seine Unterlagen hätten sich in dem Computer befunden, klagte er, so dass er jetzt sozusagen blank vor das erlauchte Gremium treten müsse und nicht viel zu vermelden habe. Im Übrigen bleibe ihm absolut schleierhaft, wie die Entwendung seines Laptops vonstattengegangen sei. Er habe in einem Straßencafé einen Espresso zu sich genommen, allein an einem runden Tisch, und den Computer unter seinem Stuhl verstaut, weil man ja wisse, dass in Rom Wertgegenstände aller Art leicht Flügel bekämen und auf und davon flögen. Er habe also wirklich Vorsicht walten lassen. Und doch müsse es einem Experten gelungen sein, den Laptop, nach welcher Methode auch immer, unter seinem Sitz hervorzuholen und unbemerkt abzutransportieren. Wenn die Sache nicht so ärgerlich wäre, könne man vor der verblüffenden Geschicklichkeit des Diebes sogar Hochachtung empfinden.

Wir bedauerten uns gegenseitig, und als er begriff, dass mir das gesamte Bargeld entwendet worden war, steckte er uns einen Euroschein für einen Entspannungskaffee zu, den er auch auf mein Drängen hin partout nicht zurücknehmen wollte.

Nach zermürbend langer Wartezeit war das Resultat unserer Anzeige bei der Meldestelle natürlich enttäuschend. Es wurden seitenweise Formulare ausgefüllt und unsere Erwartungen gedämpft. Den Beamten ließ unser Erlebnis ziemlich kalt, er hatte von morgens bis abends mit solchen Vorfällen zu tun. Wir waren ein Körnchen im Sandhaufen, nicht mehr. Und wir würden es überleben.

In Papa Ratzis wunderbarem Reich

Die Beraubung im römischen Expressbus war einen Tag später nicht vergessen, aber verschmerzt. Barbara und ich brachen auf zu neuen Taten und frischen Eindrücken. Und auf der Besichtigungsliste oben standen die illustren Selbstdarstellungen der Una Sancta, Repräsentationsbauten und Kunstwerke des Vatikan. Für einen protestantischen Theologen eine Expedition mit zwiespältigen Erwartungen.

Auf der Straße zum Petersplatz fädelten wir uns ein in zögernd voranrückende Pilgerkolonnen. In Kürze sollte die päpstliche Generalaudienz beginnen. Massive Schranken mit viel Wachpersonal riegelten den weitläufigen Platz ab. Wir warteten brav ab, bis an einigen Stellen ein Durchlass gewährt wurde. Dann erschien Seine Heiligkeit. Ich kannte ihn aus Tübinger Zeiten, wo der katholische Professor Ratzinger einen guten Ruf hatte, was seine Gelehrsamkeit anging, so dass sich auch evangelische Theologiestudenten in seinem Kolleg einfanden. Aber dann erreichte die Studentenrevolte auch das beschauliche Tübingen. 1968 waren Störungen des akademischen Friedens gang und gäbe, Vorlesungen wurden lautstark unterbrochen und Diskussionen verlangt, Sit-ins versperrten Zugänge zu wissenschaftlichen Instituten, und mit dem Nimbus der Professoren war es plötzlich vorbei. Joseph Ratzinger ging das ans Gemüt und wahrscheinlich auch an die Gesundheit. Wo sich Randalierer und Rebellen tummelten, mochte er nicht Gelehrter sein. Zumal seine

Dogmatik im Handumdrehen jenem Muff zugerechnet wurde, der sich tausendjährig unter den Talaren angesammelt haben sollte. Also traf Joseph Ratzinger eine Entscheidung, vertauschte den akademischen mit einem bischöflichen Stuhl und entwich in ruhigere Zonen nach Regensburg.

Das war nun einige Jahrzehnte her. Inzwischen wurde er zum Papst gekürt und von respektlosen Kommentatoren mit dem Spottnamen „Papa Ratzi" belegt.

Nun war ich ihm noch einmal nahegekommen und besah mir artig den grüßenden und segnenden Oberhirten, der auf seinem Papamobil das andächtige Pilgervolk durchpflügte und dessen Huldigung entgegennahm. Wer den Kirchenfürsten bei dessen Segensparade nicht befriedigend nah erlebte, hatte Gelegenheit, ihn auf zwei Riesenleinwänden zu betrachten, die rechts und links vor dem Aufgang zum Petersdom hochgezogen wurden. Der Jubel des Publikums war mir schwer begreiflich, weil der Papa Ratzi mit seinem verkniffenen Lächeln einen ziemlich lausigen Star in der Rolle des weltkirchlichen Entertainers abgab. Offensichtlich war er weit davon entfernt, das Spektakel auch nur annähernd zu genießen wie sein polnischer Vorgänger.

Nach seiner Rundreise über den Petersplatz stand für den Pontifex die Aufgabe an, alle anwesenden und angemeldeten Pilgergruppen mit Namen und Herkunftsort zu begrüßen, eine unendliche und ermüdende Litanei, die zwischendurch von Aufschreien des Entzückens seitens gerade benannter Gruppen unterbrochen wurde. Als das erledigt war, setzte Papa Ratzi zu einer päpstlichen Lehrstunde an. Gewürdigt wurde Eusebius, ein frühchristlicher Kirchenvater. Beim Zuhören überlegte ich mir, was mein betagter Nebenmann aus dem Landkreis Augsburg oder die kleine Ordensschwester aus Polen oder die bunt betresste Bläsergruppe aus Lateinamerika, die bloß auf ihren Einsatz zum Tusch wartete, wohl mit dem alten, vergessenen Eusebius anfangen konnten. Doch das spielte alles keine Rolle, der Himmel war klar, die Sonne brannte, und die zahlreichen steinernen Figuren auf den Kolonnaden des riesigen Ovals schauten freundlich herunter und wunderten sich nicht, weil sie das Spektakel gewohnt waren. Die Pilger freuten sich, wenn sie ihre hohe päpstliche Erwähnung fanden, und der Papa Ratzi freute sich vielleicht auch, dass sich eine weit größere Gemeinde zu seinen Füßen versammelte als bei seinem alten Spezi Hans Küng im Tübinger Hörsaal oder bei der Winkelmesse irgendeines Priesterleins in Niederbayern.

Nächste Station sollten die Vatikanischen Museen sein. Nach längerer Geduldsprobe in der Warteschlange schleuste man uns durch Gänge, Hallen, wieder Gänge und wieder Hallen, bis mir die Beine schwer wurden. Und immer lockte die Beschilderung vorwärts mit der Verheißung, hier entlang gehe es zur Sixtinischen Kapelle. Wo natürlich alle hin wollten. Es wurde ein Durchmarsch, keine Besichtigung. Organisiert wie ein kolossaler, nie abreißender Viehtrieb. Schnell vorbei ging's an den großartigsten Kostbarkeiten, wunderschönen Mosaiken in den Böden, Antikensammlungen an den Wänden entlang, und plötzlich war da in einer Nische auch die berühmte Laokoongruppe. Ein wenig Zeit zur Betrachtung wurde an dieser Stelle gegönnt, dann zog alles schon wieder weiter, unter hohen Decken mit überbordenden Malereien hindurch, über schmale, abseitige Flure, die am Ende ins Nirgendwo zu führen schienen, an römischen und ägyptischen Löwen vorüber, und als man die Hoffnung fast schon aufgegeben hatte, jemals in der „Cappella Sistina" anzukommen, erreichte man die Säle mit den Stanzen des Rafael. Riesige Fresken vom Boden bis zur hohen Decke, der ganze Raum thematisch aufgeteilt. Oben in einem Viertel die Poesie, Apoll mit der Laute in der Mitte, der blinde Homer an der Seite, Dante dahinter. Besonders schön komponiert wirkte die philosophische Wand, im Zentrum Platon mit dem „Timaios" unter dem Arm, um ihn herum die Szenerie der Philosophenschule von Athen, der jüngere Aristoteles neben Platon, eifrig auf ihn einredend, seine „Ethik" in der Hand. Davor, auf den Treppenstufen zur Akademie sich lümmelnd, der alte Diogenes und Euklid in Berechnungen vertieft.

Nach einer weiteren Prozession durch verwirrende Gänge mit zahllosen Bildern und Skulpturen näherten wir uns der Ziellinie. Michelangelos Cappella Sistina war gepfropft voll mit Menschen wie ein Pferch mit Schafen vor der Schur. Und es wurde trotzdem zu einem Erlebnis ohnegleichen. Ein vatikanischer Pedell ließ im Minutentakt sein „Silentio!" ertönen, und wenn wieder zu viele verbotenerweise fotografierten, bellten die Rügen eines Wärters durch den Lautsprecher. Im allgemeinen Gedränge wandte man den Blick zuerst nach oben zum großen Deckengemälde: Erschaffung des Lichts und des Adam, Vertreibung aus dem Paradies. Vorn wurde die gesamte Altarwand ausgefüllt von Szenen des Endgerichts, Dante in Fresken umgesetzt, farbige Vielfalt von Leibern und Gebärden, ein biblisch-dramatisches Bilderbuch.

Ob man wollte oder nicht, man wurde vorwärts geschoben, quer durch die Räume der Biblioteca Vaticana bis zu einer Drehtür, die die Herde endlich Stück für Stück hinaus auf die Straße spuckte.

Dem gesamten unglaublichen Schauspiel gleichsam die Krone aufzusetzen, wartete endlich der Dom mit seinen gewaltigen Ausmaßen. Ihn einfach zu betreten, wie bei Kirchen gewohnt, war freilich ausgeschlossen. Wieder trafen wir auf eine Menschenschlange, die sich rund um den Petersplatz wand. Allerdings mogelten wir uns dreist in der Mitte ein, so viel Freiheit eines Christenmenschen musste für erklärte Protestanten unter all den katholischen Pilgern sein. Am Eingang zur Vorhalle erfolgten Taschenkontrolle und Leibesvisitation. Offenbar mochte die christkatholische Zentrale des Abendlandes nicht von irgendwelchen Terroristen in die Luft gesprengt werden.

Das Innere von St. Peter: eine einzige Demonstration der mächtigen Kirche. Daran änderte auch Michelangelos Pietà nichts, die im Eingangsbereich aufgestellt war und ein pausenloses Blitzlichtgewitter auf sich zog. Seltsamer Widerspruch: die Bildhauerei mit dem Thema einer intimen und geheimnisvollen Beziehung, die der grellsten Beleuchtung und unbedenklicher Begaffung ausgesetzt ist. Es stimmt wohl: Das Gegenteil von Offenbarung ist nicht die Verheimlichung, sondern die Zurschaustellung.

Dem sitzenden Bronze-Petrus an einem der vier mächtigen Pfeiler, die die Kuppel tragen, war der Fuß blank geschliffen von all den andächtigen Händen, die ihn berührt und gestreichelt hatten. Gegenüber, gleich unter der Kuppel, erkannte man das königliche Grabmal des Apostels mit Berninis üppigem Baldachin darüber. Es erweckte den Eindruck, als gehe es entscheidend doch um Petrus, nicht so sehr um den Christus, der ein wenig im Hintergrund die theologische Legitimationsaufgabe erfüllte.

Ein Schwabe spricht Mut zu

Barbara neigte immer zu überraschenden Geschenken.

In unserer Sillenbucher Zeit nahm sie mich am Morgen meines Geburtstages feierlich bei der Hand, führte mich über die Straße talwärts ins Gelände der Streuobstwiesen und Schrebergärten, machte Halt vor einem verwitterten Gatter und drückte mir einen großen angerosteten Schlüssel in die Hand.

„Dein Reich, herzlichen Glückwunsch zum Geburtstag!", sagte sie.

Ich sah sie an und sah mich um. Über üppig blühende Bäume hinweg schaute man ins Tal und hinüber zum Frauenkopf, die Vögel sangen in den Hecken, eine frühlingslaue Luft streichelte die Wangen, und Barbara strahlte neben mir, weil ihr wieder mal eine originelle Gabe gelungen war. Ich bedankte mich artig und sortierte meine zwiespältigen Gefühle. Ein eigenes Gartenstück stand sicher nicht obenan auf meiner Wunschliste, sofort stellten sich Bilder von unserer verheerenden Gartenpflege während meiner Kinderzeit im Westerwald ein. Wir sollten damals Unkraut jäten, Gemüsebeete anlegen und Beeren ernten. Und nichts war geschehen, weil all unsere Sinne und Interessen in andere Richtungen liefen und die Mühen der Gartenarbeit sich gegen das Vergnügen auf dem Bolzplatz nicht durchsetzen konnten.

Der Schlüssel passte ins Schloss des Gatters, wir traten ein und sahen uns umfangen von einer Wildnis aus wuchernden Brombeer-

sträuchern. „Man muss sie ein bisschen zurückschneiden", meinte Barbara, „aber die fällige Marmelade wirst du bestimmt genießen."

Als der stachlige Dschungel durchdrungen war, gerieten wir auf ein abschüssiges Wiesenstück, das mit hohem Gras, diversen Büschen und allerlei Unkraut bewachsen war. „Man wird die Wiese mähen müssen, dann sieht es hier bestimmt ganz bezaubernd aus", sagte Barbara. Und als sie registrierte, dass meine Begeisterung ein wenig zurückhaltend ausfiel, fügte sie hinzu: „Klar, hier sieht es nicht aus, wie man es von schwäbischen Gärten gewohnt ist, aber dafür ist das Gelände groß und absolut ruhig gelegen, und die Pachtkosten waren erschwinglich. Und dann die Bäume, schau doch mal!"

Tatsächlich wuchsen auf dem Grundstück mehrere Kirschbäume, die die Blüte hinter sich und bereits Früchte angesetzt hatten. Sie sollten sehr schnell zum bevorzugten Aufenthalt unserer Kinder werden, die mit Wonne auf den Ästen herumturnten und, als die Zeit dafür gekommen war, von den süßen Kirschen naschten, bis ihre Gesichter saftverschmiert glänzten.

Ich stellte fest, dass die Ausmaße des Gartens beträchtlich waren. Am unteren Ende lehnte ein altersschwacher Schuppen am löchrigen Zaun, in dem man Arbeitsgerät unterbringen konnte. Einen Sitzplatz irgendwo gab es nicht, und ich überlegte schon, wo und wie ich mich niederlassen und in meine Bücher vertiefen könnte, als Barbara mich ins Naheliegende zurückholte. „Einen Spaten haben wir ja", meinte sie, „aber eine Sense müssen wir uns erst noch besorgen." Ich hatte auf der Zunge einzuwenden, dass hier wohl weniger gemäht und mehr gerodet werden müsse und dass statt einer Sense erst mal eine Motorsäge und vielleicht sogar ein Bagger vonnöten wären. Aber ich schwieg, weil ich vor Barbaras Freude an ihrer Errungenschaft einfach verstummen musste. Und als sie dann noch erklärte, sie habe die Sache bloß eingefädelt, um meine ewige Schreibtischarbeit zum Wohl meiner Gesundheit gelegentlich zu unterbrechen, war ich innerlich überwältigt, wenn auch nicht restlos überzeugt.

In den folgenden Tagen und Wochen spuckten wir kräftig in die Hände und packten an. Die Brombeerwildnis schnitten wir mit großen Gartenscheren zurück und legten Pfade an, um im Herbst die reifen Früchte einsammeln zu können. Barbara fuhr hinunter in die Stadt und erwarb eine kolossale Sense, mit der sie sich in einer vollen Straßenbahn Respekt und Platz verschaffte, und ich ließ mich bereitwillig von ihr unterrichten in Angelegenheiten des Gartenbaus. Die Kultivierung des verwilderten Anwesens kostete Zeit und machte nur langsame Fortschritte, und ich entdeckte, dass ich nicht nur zwangsläufig und widerwillig bei der Sache war, sondern ein gewisses, für mich ganz unerwartetes Vergnügen an den Arbeiten fand.

Allmählich lichteten sich die Verhältnisse. Die Kirschbäume waren eine Pracht, die Wiese wurde begehbar, in einem Winkel hatte Barbara ein Versuchsbeet für Gemüse und Salat angelegt, und in den Ästen hockten die Kinder.

Blieb der Wunsch nach einem bequemen und gemütlichen Sitzplatz, den man mit Tisch und Stühlen bestücken konnte und von dem aus man eine herrliche Aussicht übers Tal haben konnte. Doch dieser Platz bot sich nicht ohne weiteres an. Er musste gebaut werden. Man musste ihn der abschüssigen Fläche gewaltsam abringen, musste tief ins Erdreich hineingraben und eine Ebene von ausreichender Größe für einen Terrassenplatz zu gewinnen.

Ich machte mich mit Hacke und Spaten und Schaufel ans Werk, ziemlich ahnungslos, wie ich zu einem einigermaßen befriedigenden Ergebnis kommen könnte. Ich grub und bohrte in der Erde herum und schleppte den Aushub in unsere Kompostecke. Irgendwelche Messgeräte für meine Bauarbeit besaß ich nicht, als Sohn eines Architekten verließ ich mich bei der anstehenden Kleinigkeit aufs Augenmaß. Während der Tätigkeiten wurde mir bewusst, dass ich Steinplatten brauchen würde und Sand oder Kies, in die ich die Platten verlegen könnte. Doch ich scheute den Aufwand und beschloss, es vorerst mit einem Provisorium zu versuchen. Das alte Rom wurde auch nicht an einem Tag erbaut und das päpstliche Rom schon gar nicht. Was sollte ich auf Anhieb an Perfektion zustande bringen, wo es doch nur darum ging, für einen Tisch und zwei Stühle einen halbwegs standfesten Untergrund zu schaffen?

Bei meinen Bemühungen hatte ich verschiedene Male beobachtet, wie der Nachbar, dessen Gartenstück an unseres grenzte, mehr oder weniger verstohlen zu mir herüberblickte. Sein Reich bildete ein Muster an gepflegter Gartenkultur. Der Rasen war kurz gestutzt wie die Arena von Wembley, die Blumen glänzten wie gemalt in allen Farben, und Tomatenstöcke standen aufrecht in Reih und Glied wie die Soldaten. Wahrscheinlich empfand es der Nachbar als Zumutung, neben einer barbarischen Wirtschaft wie der unseren es aushalten zu müssen. Anfängliche Versuche, ihn wenigstens zu grüßen, prallten an einem Panzer aus Missmut ab, so dass wir bald darauf verzichteten.

An einem Samstagnachmittag war ich entschlossen, die Planierung unserer Gartenterrasse fertigzustellen. Denn am Sonntag wollte ich da mit Barbara in der Sonne sitzen, Tee trinken und den Kindern beim Spielen zuschauen. Einfach die Früchte meiner Arbeit genießen, die Hände in den Schoß legen und für Barbaras Geschenk dankbar sein. Ich schaufelte Erde beiseite und bemühte mich, den Boden zu glätten. Sogar eine Abflussrinne legte ich an, die das Regenwasser vom Niveau unseres Sitzplatzes abwärts in die Wiese leiten sollte. Probeweise hatte ich einen Stuhl mitgebracht, den ich auf dem gestampften Boden da und dort positionierte, um festzustellen, dass er nirgendwo stand, ohne zu wackeln.

In meinem Rücken spürte ich den bohrenden Blick unseres Nachbarn. Ich zögerte, mich umzuwenden, weil ich keinen Appetit auf seine Kommentare empfand. Eine Weile rang in mir der Widerwille, mich ihm auszusetzen, mit der Neugier, sein Verhalten zu erforschen, und am Ende drehte ich mich doch zu ihm um. Auf seinem Gesicht lag ein breites Lächeln, während er seinen Kopf langsam hin und her bewegte. Dann sprach er die ersten Worte, die ich von ihm zu hören bekam: „Sie, wisset Se, so wird des nix!" Damit schob er seinen Hut in den Nacken, wandte sich auf dem Absatz um und entfernte sich.

Offensichtlich war ich gerade zum Adressaten einer schwäbischen Ermutigung geworden.

Ich hätte natürlich eine Trotzreaktion zeigen können. Hätte mir Fachbücher für Gartenbau zulegen und fleißig darin studieren können. Hätte nach Freunden Ausschau halten können, die wussten, wie man auf abschüssigem Gelände eine ebene Fläche einrichtet. Doch ich unterließ alles. Am folgenden Sonntag zog eines jener wuchtigen Frühlingsgewitter übers Land, die auch erfahrene Landwirte und Schrebergärtner das Fürchten lehren. Mein provisorischer, unbefestigter Sitzplatz wurde ein Opfer der Flut und verabschiedete sich ins Tal hinunter. Nicht lange danach verabschiedeten wir uns selber vom großen, wilden Garten und beschränkten uns fortan auf kleinere Stücke für Pflanzen und Blumen.

Erlebnis des Erhabenen

Wir bildeten eine kleine, handverlesene Reisegesellschaft, die sich mit ortskundiger Leitung nach Israel aufmachte. In dieses unruhige Land, von dem der ehemalige Außenminister Abba Eban sagte, es sei ein Land mit zu viel Geschichte und zu wenig Geographie. Was dazu geführt hat, dass es mit viel Geschichte im Gepäck seit Jahrzehnten damit beschäftigt ist, seine geographischen Grenzen auszudehnen.

In Israel bin ich dem Erhabenen begegnet, gleichsam vom Erhabenen eingehüllt worden. An einem ganz bestimmten Ort und zu bestimmter Stunde.

Das ergab sich nicht an einem jener Orte, die von Pilgern aus aller Welt, oftmals in Scharen, aufgesucht werden. Nicht in Jerusalem, nicht im Jordantal, nicht bei Tel Aviv am Meer. Israel präsentiert sich dem Besucher mit einer Fülle eindrücklicher Plätze und Bilder, und es ist berechtigt, ihnen alle Aufmerksamkeit zu schenken. Man sollte wirklich von der Höhe des Gartens Gethsemane übers Kidrontal hinweg auf die Stadt Jerusalem geschaut haben. Sollte auf dem Tempelberg gestanden haben, über Teppiche in der Al-Aqsa-Moschee gewandelt sein und die blauen Kacheln am Felsendom bewundert haben. Und über den Schlangenpfad hinaufgestiegen sein aufs hohe Plateau der alten Festung Masada. Plötzlich steht man dort vor einem Haufen runder, fußballgroßer Steine, die von den römischen Schleudermaschinen über die Festungsmauern geworfen wurden.

Man empfindet, dass in diesem Land jeder Quadratmeter Boden getränkt ist von Geschichte – und meist von einer blutigen Geschichte des Leidens, nicht der Triumphe.

Und doch traf mich der Eindruck des Erhabenen an ganz anderer Stelle, fern von den Schauplätzen menschlichen Handelns und Erduldens.

Der Weg führte uns nach Süden, an Beer Sheva, dem Abrahams-Ort, und Sede Boqer, dem ehemaligen Wohnsitz Ben Gurions, vorbei in den Negev. Die Wüste ist hier steinig, nicht sandig. Wir passierten karge Beduinensiedlungen neben der Straße, mit schwarzen Zelten, ein paar Schafen und Ziegen und manchmal einem Kamel. Szenen, wie aus aller Zeit und Entwicklung herausgenommen, von einem Leben, das sich unentwegt ohne Veränderung selbst reproduziert.

Dann erreichten wir Mizpe Ramon, oben am Rand eines riesigen Wüstenkraters gelegen, durch den die Fahrstraße weiter hinaus nach Süden und zum Roten Meer führt.

In der Nacht brachen wir auf von der Höhe und fuhren hinunter in den Kraterkessel. Nur das Licht der Scheinwerfer schnitt Schneisen in die Dunkelheit. Niemand außer uns war jetzt noch unterwegs, kein Fahrzeug, kein Mensch. Wir hielten an, stiegen aus, schalteten alle Lichter ab.

Um uns war Stille. Ich ahnte die Kraterwände, die wie die Wölbung einer großen Schüssel rundum aufragten. Die oberen Kanten bildeten eine gefurchte Linie gegen den Himmel, der, mit zahllosen Sternen bestickt, über dem Kessel hing. Es war eine Welt aus Leere und Fülle zugleich, die mich umfing und in ihren Bann zog. Nie habe ich eine Stille erlebt wie an diesem Ort. Kein Geräusch von irgendeinem Lebewesen, auch nicht von entfernten Motoren auf unsichtbaren Fahrstrecken oder Flugrouten. Ich bekam Lust, ein wenig in diese Stille hineinzugehen wie in einen schwarzen Raum, der jedoch keinerlei Widerstand bot. Er schmiegte sich an und dehnte sich aus, beides. Ein wenig erschien es wie Tauchen in dunklem Wasser, aber es war keine Anstrengung dabei, nur wohltuende Gelassenheit.

Natürlich habe ich Stille auch früher und anderswo erleben können. Aber sie war immer wie ein Moment der Unterbrechung, eine Lücke in der Zeit, die sich rasch wieder schloss. Und sie hatte die Qualität einer Negation: Stille als Abwesenheit von Geräuschen.

Hier war nichts von Abwesenheit spürbar, sondern bloß reine und dichte Anwesenheit. Die Stille entsprang nicht einem Vermeiden, sondern einem Zulassen. Sie senkte sich herab aus den Höhen des Himmels und aus den Räumen der Unendlichkeit. Der Sternenschwarm über mir beeinträchtigte das nicht, er unterstrich es eher. Denn die Sterne waren wie blinkende Zeugen des Schweigens, sie waren Teil der Stille, nicht deren Störung. Weil meine Schuhsohlen knirschend über den Boden streiften, blieb ich stehen, tat keinen Schritt mehr voran oder zurück. Ich merkte, wie die große Stille nach und nach einzudringen begann in meinen Körper, meine Seele. Wie sie sich meinem Erleben mitteilte, so dass ich im Begriff war, ein Teil zu werden von ihr. Das war keine Stille, die in irgendeiner Form Beklemmung oder Angst ausgelöst hätte. Denn Ängste haben immer mit Enge-Erfahrungen zu tun, doch hier war lauter Weite, unendliche Offenheit. Ich mochte nichts anderes tun als stehen und lauschen. Es gibt ein Lauschen auf feine Stimmen, verschwindend zarte Töne. Und es gibt das Lauschen in die absolute Stille, das nicht auf ein besonderes Hörerlebnis hinauswill, sondern auf ein Verschwimmen, ein Vereinigen mit dem umgebenden Ganzen. Ich könnte auch sagen: mit dem Erhabenen.

Ich habe nirgendwo sonst eine so intensive Wahrnehmung des Erhabenen gemacht wie im nächtlichen Wüstenkrater von Ramon. Ich weiß nicht, wie lange wir, jeder für sich, gestanden haben, um ins Dunkle zu schauen und zu horchen auf seine lautlosen Mitteilungen. Als wir ins Auto stiegen und zurück auf die Höhe fuhren, schwiegen wir lange. Die Erfahrung war stärker als mögliche Worte, die sie hätten betreffen und würdigen können.

Ein Jude vertraut mir seine Lebensgeschichte an

Erinnerungen können erheitern und erfrischen, sie können aber auch schmerzlich sein. Im ersten Fall wendet man sich ihnen gern und unbekümmert zu. Im zweiten Fall scheut man vor ihnen zurück wie vor einer Glut, an der man sich zu verbrennen droht, wenn man ihr zu nahe kommt.

Der alte Meinhard Tenné, früherer Vorstand der Israelitischen Religionsgemeinschaft in Stuttgart, hatte verschiedene Anläufe genommen, seine Memoiren zusammenzustellen und zu veröffentlichen. Und immer wieder wurde er bedrängt, die Sache doch endlich in Angriff zu nehmen. Es gab Journalisten und Historiker, die ihre Hilfe anboten. Er brauche bloß zu erzählen, die schriftliche Abfassung der Texte würden sie übernehmen. Doch Meinhard Tenné zögerte. Nicht aus Angst vor der Aufgabe, sondern in realistischer Einschätzung dessen, was eine intensive und konsequente Erinnerungsarbeit an seelischen Belastungen für ihn mit sich bringen dürfte. Er spürte den Impuls mitzuteilen, was für Wege er in seinem Leben gegangen, was ihm begegnet und zugestoßen war und wozu er sich aufzumachen versuchte. Er spürte jedoch ebenso deutlich den inneren Widerstand, einzutauchen in eine Vergangenheit, in der es jedenfalls auch die Untiefen gab, die ihn verschlingen könnten.

Beispielhaft für seine Reserve war der schwarze verschlossene Aktenkoffer in seinem Keller, von dem er mir erzählte. Er enthielt die Briefe seiner Eltern, vor allem aus der Zeit ihrer erzwungenen

Trennung, wo die Mutter und ihre Tochter in Holland vor den Nazis untertauchten und der Vater mit dem Jungen Meinhard sich in der Schweiz aufhielt. Plötzlich scheiterten alle Anstrengungen, Mutter und Schwester in die Schweiz nachreisen zu lassen, an der bürokratischen Sturheit der Einwanderungsbehörden. Über den mörderischen politischen Graben führte kein Steg, abgesehen von der Post. Und die wurde reichlich bemüht, hin und her, bis Schwester und Mutter nach Auschwitz deportiert wurden und in der dortigen Vernichtungsmaschinerie umkamen. Seitdem wurden die Briefe zwischen Vater und Mutter, die eine bewegende Dokumentation des Abschieds darstellen mussten, sorgfältig aufbewahrt, aber nicht angetastet. Der schwarze Koffer blieb verschlossen, über Jahrzehnte hin. „Ich bringe es nicht fertig hineinzusehen", sagte mir der alte Tenné. „Ich weiß, dass die Briefe da sind und dass sie zu mir und er sich tatkräftig für einen unvoreingenommenen Meinungsaustausch zwischen Juden, Christen und Muslimen ein. Auf diesem Gebiet wurde er bald zu einer unverzichtbaren Leitfigur, durchaus im Geist prophetischer Klarheit, der auch Momente heftigen Zorns keineswegs fremd war.

Seine Verdienste schlugen sich in einer stattlichen Reihe von Ehren und Auszeichnungen nieder. Er erhielt unter anderem das Bundesverdienstkreuz 1. Klasse, die Verdienstmedaille des Landes Baden-Württemberg und die Otto-Hirsch-Medaille der Stadt Stuttgart.

Wenn er unsere interreligiösen Zusammenkünfte mit der Auslegung eines Tora-Textes einleitete, war er ganz bei sich selbst. Ganz im Schoß seines auserwählten, unendlich bedrängten und gepeinigten Volkes und mit dem Gott Abrahams, Isaaks und Jakobs verbunden. Einmal reichte er mir ein altes, zerschlissenes Buch, die Hebräische Bibel im Taschenbuchformat. „Die habe ich immer bei mir gehabt", sagte er, „auf allen Wegen und in allen Situationen meines Lebens. Sie ist mir zum wichtigsten Begleiter geworden."

Die Arbeit an seinen Erinnerungen haben wir abgeschlossen, als seine Kräfte deutlich abnahmen. Mit dem Ergebnis war er einverstanden und hat das Buch und dessen öffentliche Präsentation mit Freude und wohl auch mit einem gewissen Stolz registriert. Bald danach ist er gestorben.

Weitere Bücher von Reiner Strunk

ISBN 978-3-945369-98-2

184 Seiten

ISBN 978-3-945369-75-3

160 Seiten

ISBN 978-3-945369-56-2

136 Seiten

ISBN 978-3-945369-19-7

176 Seiten

ISBN 978-3-920207-56-8

112 Seiten

ISBN 978-3-920207-33-9

vergriffen